坛前缀语

熊庆年◎著

《复旦教育论坛》卷首语（2003.1—2020.1）

上海三联书店

序

　　这本书中收录的是《复旦教育论坛》自 2003 年 1 月创刊以来至 2020 年第 1 期所刊登的卷首语。除去 3 篇当前不合时宜的，正好 100 篇。在这期间，我担任期刊的执行副主编。这些短文中，发刊词是我为编委会主任秦绍德代拟并由他改定的，另有 8 篇是我和同事周洪林、张慧洁合作完成而由我定稿的，书中将于脚注一一标明。2007 年以前，除发刊词署名外，余皆署"本刊评论员"之名。自 2007 年第 1 期始，皆署名"庆年"，以明文责。

　　本书取名，想过不下十个，颇费思索。斟酌再三，最终选定现在的。"坛前"者，期刊名"论坛"，文列于卷首，所以可算在坛之前。"缀语"者，缀，装饰物；语，话也；意即点缀的一些话。之所以这么起名，缘于对卷首语的认识。那是在 1999 年，《教育发展研究》杂志执行副主编黄焱请我做特约记者。年末，她约我给 2000 年第一期扉页写《新千年寄语》，以营造一点进入新世纪的气氛。这是我对卷首语认识的开始。办刊我是小白起步，边学边干。看到不少期刊都有卷首语，觉得不错，于是模仿。然而卷首语该怎么定位，似乎也无定式。大多是对当期主题作阐发，或是介绍重点文章。我不想过于拘泥，又不想刻意追求什么。起初一二年，是和同事商量题目。有时是我想个点子，请周洪林老师来写，我改定。有时是周洪林老师想个题目，我们一起讨论，周老师执笔，我定稿。也有时是周老师想个题目，我来执笔。之后张慧洁老师也想参与进来，经历一二次之后，她觉得这一千来字的小文比大文章还难写，于是知难而退。再后，周洪林老师年届七旬，按人事处规定不能返聘，卷首语便由我独立承担下来。结果就变得很随性，或因某文而引申，或因某事而感发，或因郁积而吐槽，或因感动而抒情……不一而足。

也许是这种随性显得有点儿人文气息，对看惯了程式化、格式化卷首语的读者而言，可能觉得新鲜，别具一格。曾遇到不少读者，他们都说喜欢看《复旦教育论坛》的卷首语。有的甚至说，《复旦教育论坛》来了，同事会抢着看卷首语。我想这一定有恭维主编的意思在里边，自己脑子得清醒。不过，确有同仁真欣赏。记得 2009 年 8 月初，到北京中央教育科学研究所（2011 年更名中国教育科学研究院）出席《大学》杂志编委会第一次会议，编辑部主任卢彩晨问我，《复旦教育论坛》可能就是因为卷首语影响大而评上核心期刊的吧？我回应说，完全不可能，卷首语是不会被引用的，不能增加期刊的影响因子。卢彩晨老师的说法实在有些夸张。不过，能够对期刊起到点缀装饰的作用，吸引更多读者，这不正是我内心所期待的吗！

说老实话，写这一个页面千把来字的短文，要遵守出版的规范,要有丰富内涵的表达,还要让人爱看,就像是戴着镣铐跳舞,写好真不太容易。从选题到成文,都太费脑筋,很少有援笔而就、一气呵成的。有时为了锤炼标题,会搁个好几天。这儿特别要提一笔的是,有不同时期的两篇卷首语用了同一标题"好风凭借力",后一篇大概由于急就而不记得已经用过,借诗词之句又是我喜欢的,这句不经意便在脑子里蹦出来了。正是因为比较耗心,有段时期工作太忙,感到卷首语是个负担,想停掉。曾跟当时的另一位副主编、复旦大学宣传部部长石磊教授商量过,他很不赞成,认为既然已经成为我们的一种风格,就要保持下去。于是,只好咬咬牙,坚持下来。华东师大高等教育研究所所长阎光才教授有次跟我打趣,"你成小品文作家了。"我的老同学、南京师范大学教育学院的张乐天教授说:"学教育学的学者写不出这样的文章,学古代汉语的学者也写不这样的文章,只有你这个既有古代汉语功底又有教育学素养的人写得出这样的文章。"我知道这是一种鼓励。确实,自己学中文出身,教过8年本科古代汉语。有意无意地会追求文字的简练和隽永。不可否认,咬文嚼字,刷存在感,获得一种特别的快意,这也是一种动力。

在复旦大学,我的主要工作内容并不是办刊。首先,我是一个研究者,一个教师。其次,我是高等教育研究所行政负责人,2000年12月任副所长,主持日常工作。2008年11月任所长,全面负责所务,没有副手。华中科技大学教育科学研究院沈红教授把我的工作状态总结为"711工作法",即每周工作7天,每天11小时。即使这样,还是顾此失彼。所以,花在期刊工作上的时间,大概只有总工作时间的十分之一,算是副业吧。我主要抓四件事：策划、约稿、三审、写卷首语。幸得编辑部有两位年轻而业务能力出色的同事赵友良和刘培，他们的兢兢业业使得我能够在期刊工作上"洒脱"得起来。他们还是卷首语的"一字师"，每次完稿，我都会请他们提出修改意见。这些稿子，有他们的心血和智慧。我要真心地感谢他们。在复旦工作二十多年，自己做得最成功的事情就是办刊。因为能够相对自由地去按自己的想法做，同时也因为得到了同仁的广泛支持、帮助。卷首语的写作也同样，没有谁来指手画脚，还不断得到同仁们的激励。

2019年7月，超期服役的我终于卸任了高等教育研究所所长。原马克思主义学院院长、书记高国希教授接任所长。2020年1月，年届66周岁的我办了退休手续。学校决定，由高等教育研究所所长兼任《复旦教育论坛》主编，这正是我多年前向学校提出的建议：让学术期刊归于学术事务，副校长不再兼主编。意图就是改变过去行政化、主编不主事、不担责的情况。从2020年第2期起，我就不再写卷首语。这就是本书收录到2020年第1期卷首语为止的缘由。新任主编高国希老师曾希望我继续写，我说卷首语的风格就是期刊的风格，主编来写比较合适。后来高老师还建议，由他、我和新任副主编的陆一分别来写。我仍然没有同意写。自己虽然还暂时挂着副主编的头衔，但是这不过是过渡性的安排，不久终将要离开这个岗位。新陈代谢是规律，应当顺应。2020年下半年，新任《高等理科教育》副主编的卢彩晨给我打电话，希望我给他们写卷首语。经不住他反复劝，我写了几篇。不过完成今年第1期《高等理科教育》的卷首语之后，我还是搁笔了。我告诉他，还是请他们的主编邬大光教授写吧。

主编就是风格,我不是《高等理科教育》的主编,难以把握期刊的脉动,几乎找不到给《复旦教育论坛》写卷首语的那种感觉。没有感觉,就写不好。我把为《高等理科教育》写的几篇卷首语也附在本书后面,读者不妨比较一下,看看我说得是否有道理。

很早就有朋友建议我把卷首语辑录成书。现在来完成正合适,这是对自己期刊工作的一个回顾和总结。这一百多篇卷首语,可以从一个侧面观察到《复旦教育论坛》起步、成长、成熟的过程,也可以领略作为一个办刊人的学习、成长的历程。为了使读者看到真实的风貌,除少数错字外,所有文稿都保持原状,未加修订。如果说以前卷首语是《复旦教育论坛》读者的开胃菜,那么现在这些卷首语大概最多只能作为读者的餐后点心。但愿有闲的读者乐意翻一翻。

2021 年 10 月 2 日草就,2022 年 2 月 27 日改定。

目　录

发刊词

秦绍德[①]

春风又度,万物竞萌。

在生机盎然的教育研究园地中,又有一棵小苗破土而出。《复旦教育论坛》创刊了!

20世纪人类文明的高度发展,使人们深深认识到,国与国之间综合国力的竞争,归根结底是人才的竞争,是教育的竞争。谁拥有了高质量的教育,谁就拥有了21世纪的美好未来。高等教育作为现代知识社会的核心动力,更受到人们特别关注。大力发展高等教育事业,已经成为世界大多数国家的重要国策。在科教兴国战略指引下,中国高等教育正在进入一个前所未有的迅速发展时期。党的十六大将全面建设小康社会作为21世纪头二十年的奋斗目标,必将进一步促进中国高等教育事业的改革

① 秦绍德,时任复旦大学党委书记,为《复旦教育论坛》编委会主任。发刊词由熊庆年代拟初稿,秦绍德修改定稿。文献来源:复旦教育论坛,2003,1(01):2—3。

和发展。中国高等教育一定会迈入世界高等教育的先进行列，中国的高水平大学一定会成为世界著名的一流大学。高等教育发展有其自身的规律，改革和发展必然遇到许多新情况和新问题，这就需要我们很好地研究。《复旦教育论坛》是为关心高等教育发展的人们而办的，相信她一定会成为大家的忠实伙伴。

《复旦教育论坛》是高等教育学领域的学术刊物。什么是学术？学术是对规律认识的探索。高等教育学是实践性很强的学科。它以大学为研究对象，它的研究成果又将影响大学的发展进程。因此高等教育学的学术研究，一定要联系实际，而不能从书本到书本。《复旦教育论坛》确立的宗旨是：紧密联系中国高等教育的实际，反映改革和发展研究的新进展，反映理论探索的新成果，繁荣学术，推动中国特色的社会主义现代大学制度建设。

江泽民同志指出："创新是一个民族进步的灵魂，是一个国家兴旺发达的不竭动力"，"教育是知识创新、传播和应用的主要基地，也是培养创新精神和创新人才的重要摇篮。"大力推进高等教育创新，是造就大批具有丰富创新能力的高素质人才，增强民族创新能力的需要，也是高等教育自身实现跨越式发展的需要。在教育创新中，高等教育研究承载着双重使命：一方面要积极探索教育创新的理论，研究教育创新实践中的问题，另一方面其本身也需要不断解放思想，开拓创新，为探索研究提供新的思路。坚持解放思想，立足教育创新，是《复旦教育论坛》坚定不移的办刊方针。我们希望思想的火花在这里闪亮，革新的种子在这里萌芽，创造的思维在这里升腾，使论坛成为教育创新者的园地。

在世界多极化、经济全球化、科学技术突飞猛进的今天，中国高等教育已经不可能封闭式发展。中国要从一个高等教育大国变为高等教育强国，就必须坚持扩大开放，走国际化道路。关注世界高等教育发展潮流，借鉴世界高等教育先进经验，是《复旦教育论坛》的基本要求。我们力图通过这扇窗口，把更多的有价值的信息资料奉献给人们。我们也希望，《复旦教育论坛》今后能成为中国高等教育学者与国外高等教育学者对话的园地。

我们的刊物之所以名之为论坛，是因为希望她是一个百家争鸣、群言共进的场所。畅所欲言，自由论辩，方有学术之进步。不拘于位，不限于衔，不泥于业，唯识是取。只求新见，不求完美，唯实是崇。既是论坛，长篇短制，悉听尊便。"凫胫虽短，续之则忧；鹤胫虽长，断之则悲。"量体裁衣，唯言有物。希望在《复旦教育论坛》，学友共聚，师生同唱，名家凸现，新人辈出。

《复旦教育论坛》的诞生，是复旦大学历史上值得记取的一件事。再过两年，复旦大学就要迎来百年华诞。从公学到大学，从私立到国立，一代代复旦人艰苦奋斗，开拓创新，复旦大学已经站在一个新的更高的起点，正朝着创建世界一流大学的目标迈进。我们期望论坛集思广益，共谋发展大计。

海纳百川，方成其大。不捐细流，方成其深。《复旦教育论坛》是复旦人主办的，但她也是全国高等教育工作者、研究者所共有的，是所有心系教育的人们所共享的。我们期望，海内外的同行们共同来浇灌《复旦教育论坛》这株小苗。

关注我们的学生

本刊评论员①

本期发表了一组有关学生问题研究的文章,共同的主题是关注我们的学生。

在高等教育改革和发展日新月异的时代,一个又一个"热点"正在吸引着人们的目光和注意力。教育体制改革、"211工程"、"985工程"、扩招……然而,我们千万不要忽视了我们的学生。人才竞争是当代国际社会最本质的竞争,高素质人才培养是强化我国的国际竞争力的关键所在,是我国改革开放、全面现代化大业薪火相传、后继有人希望所系,是高等教育最基本的任务。学校是为学生而办的,学生是学校教育实践的主体和对象,忽视他们不断发展着的需求,教育实践便是无的放矢。

如今,"以学生为中心"的办学理念越来越为人们所接受。

① 作者:周洪林、熊庆年。文献来源:复旦教育论坛,2003,1(02):1。

"以学生为中心"正如"干部是人民的公仆""顾客是商家的上帝"一样,尽管人们耳熟能详,但真正在观念上、实践上做到,并不是一件很容易的事。我们还要特别强调"以学生为中心"并不是"以顾客为上帝"的简单移植,而是基于对教育本质的理解,对教育与社会全面发展之关系的科学认识;教育要促进人的全面发展,促进个性的健康成长,教育活动需要有学生的积极参与。以学生为中心,就是要充分发挥学生的主体性,激发学生探求未知、创造新知的欲望,为学生提供更多发展机会和更大的选择空间。因而,我们必须尊重他们,了解他们,服务于他们。关注学生,研究我们的教育对象在新时期的所思、所行、所求,是目前教育创新的新任务。

教育教学是学校最基本的活动,培养什么样的人,教什么,怎样教,是教育的永恒话题,需要教育者不断地研究和创新。唯有这样,学校教育才有源头活水。如果没有对教育对象的充分关注和把握,我们就不可能很好地回答这些最基本的问题。正因为永恒,所以很容易视之为平常。正因为平常,所以很容易熟视无睹。我们需要扪心自问,究竟我们在学生身上倾注了多少心思、多少人文关怀?

相对于学校发展的显性化程度而言,基本建设、科学研究是"硬任务",教育教学是"软任务"。其实,软任务对一所学校的发展和文化积累的影响更为深刻和久远。正如哈佛大学前校长科南特所说:"学校的荣誉,不在它的校舍和人数,而在于一代一代人的质量。"我们可以在一个不太长的时间内建成一幢漂亮的大楼,甚至整个校区,达到世界一流水准;但要在整体上使一代人的观念、思路、思维方法根本改观，培养出各学科创新知识的大师，达到世界一流水准，恐怕要难得多！

我们期望有更多的教育工作者、教育研究者来关注我们的学生！关注学生就是关注未来！

校长与教育家

本刊评论员[①]

苏步青先生走了。

"校长与教育家"这个话题就是人们在缅怀苏步青先生时引出来的,人们更关注的是他作为校长的教育家和作为教育家的校长的活动,这本身就很耐人寻味。当话题由一个具体的人,由一个既是教育家又是校长的苏步青引向校长如何治校的时候,话题本身的意义就已经被推而广之了。这是一个很有价值的话题。

考察现代大学的历史,我们不难得出这样的结论:一个可以称得上是教育家的校长,一定对教育的本质有深刻的理解,对大学精神有独特的价值判断和坚定的信仰。纽曼为什么能不被人们忘记,因为他是自由教育的伟大倡导者。这位昔日牛津大学

---

① 作者:周洪林、熊庆年。文献来源:复旦教育论坛,2003,1(03):1。

的教授，出任新办的都柏林天主教大学校长后，把"大学的理想"作为他治校的圭臬，至今研究大学的人们都不能不读他的著作。费希特为什么能在高等教育史上占有重要的一席之地，不仅因为他是柏林大学的第一任校长，更主要是因为，他坚信大学应该是"一个科学地运用理智的艺术学校"，"自由的科学反思"应当置于大学课程的一切专业之上。他坚定地站在创办者洪堡的新人文主义旗帜之下，开创了新的学术自由和科学研究精神，使之成为德国大学日后发展的方向。蔡元培之所以成为北京大学"永远"的校长，因为他铸造了北京大学的灵魂，"思想自由""兼容并包"，是现代大学精神与中国实际结合的产物，所以有着强大的思想生命力。博耶作为一个教育家可能比他作为纽约州立大学校长更为人们所记忆，他的《大学：美国大学的就读经验》，促使当代的人们更加深入地思考，大学的本质是什么，大学应当怎样超越现实的束缚。我们并不否认教授在大学发展中具有举足轻重的地位，我们也不否认大学制度对大学发展的重要性。我们想强调的是，校长的教育理念是大学的一面旗帜。

当然，校长仅仅有闪光的理念，恐怕还难以称之为教育家。一个可以称得上是教育家的大学校长，一定能够把自己的教育理念转化为大学教育的实践，使理想与现实真实地联结。当年芝加哥大学校长哈钦斯，把永恒主义教育哲学贯穿到了治校方略之中，进行了一系列课程改革，使芝加哥大学成为美国推行大学普通教育的重镇。曾任剑桥大学常务副校长的阿什比，洞察科技发达时代的大学教育，高举起技术人文主义的旗帜，倡导科学与人文的结合，推动大学与社会的恰当融合，使剑桥大学越过了"保守"的樊篱。以《大学的功用》闻名于世的克拉克·克尔，在他任加州伯克利大学校长和加州大学校长期间，探讨了现代巨型大学发展的战略和策略，加州大学作为一个整体的崛起不能说与他无关。他们能在历史发展重大转折关头，审时度势、旗帜鲜明、不失时机地提出为本校、本民族、时代发展所呼唤的教育理念、发展战略，并能身体力行、成就卓著，把他们称为教育家一点也不为过。他们不仅是大学的精神所系，更是大学改革和发展的舵手，是大学文化创新的勇士。

当今时代，大学的组织越来越巨大，大学的结构越来越复杂，大学的目标越来越多样，大学的社会承载越来越厚重，大学校长的作用也越来越凸现。中国共产党几代领导人都强调：大学校长应当努力使自己成为教育家。相信在中国高等教育蓬勃、迅猛发展的时代，在创建一流大学和一流事业的过程中，会涌现出更多的可以称之为教育家的校长。

勿止于言

本刊评论员^①

　　一场危机终于过去，"非典"时期的非常思考也渐渐归于平常。近闻人言，SARS事件终究是一种偶然性，坏事要变为好事，需要把唤醒的意识、自觉和勇气坚持下去，否则坏事变好事的愿望终究只是良好的愿望。笔者颇以为然，且以为教育工作者尤当深思。

　　非常时期人们最先意识到的是要有良好的卫生习惯，于是乎洗手洗脸、不随地吐痰开始成为自觉。如何开展健康教育则成为人们非常思考的一个内容。

　　非常时期人们才意识到公民知情权的重要、意识到公民社会责任的重要，于是乎及时发布信息开始成为自觉，遵守公民行为规范开始成为自觉。如何开展公民教育则成为人们非常思考

---

① 作者：熊庆年、周洪林。文献来源：复旦教育论坛，2003，1(04)：3。

的一个内容。

非常时期人们充分意识到科学是战胜 SARS 的真正武器,科学精神是必胜信念的坚定支柱,于是乎尊重科学、破除迷信开始成为自觉。如何把科学教育落到实处也成为人们非常思考的一个内容。

非常时期人们充分意识到抵御灾害也在于社会道德的力量,人间自有真情在,关爱他人就是关爱自己,于是乎开始为更多的人所接受。如何有效地开展道德教育,提高全社会的道德水平,自然成为非常思考的问题。

非常时期人们深深意识到自然环境对社会发展的重要性,不吃野生动物、维护自然生态的平衡,于是乎开始成为人们的自觉。如何开展环境教育,杜绝野蛮破坏自然的行为,也就成为非常思考的问题。

非常时期人们真正意识到,在全球化时代一国的危机很可能导致国际性事件,很可能给国家的安全、经济发展和政治稳定带来重大影响,积极与国际沟通,争取国际理解、支持与协作开始成为自觉。如何认识国家和民族的利益,如何使受教育者成为有国际视野的人,非常思考不能不关注。

……　……

如此种种的非常思考不能说不重要,但更重要的是我们的思考能否真正触及"灵魂"——我们究竟培养什么样的人,我们究竟怎样培养人。有论者云,我们不应该像盲人摸象那样反思,要有全局观念。就教育而言,全局是什么?还是人的素质教育。

素质教育我们已经讲了很多年了,中央文件也发了,领导人讲话也讲了,但学生的"素质"好像并不见提高。所以遇到危机,问题就都暴露出来了,思想素质、道德素质、科学素质、心理素质、行为素质等等似乎都有可议之处。问题的根子在什么地方?问题就在"大而化之",素质教育停留在标语口号上,没有落实到具体实践中去。而"大而化之"的症结,则在于我们长期以来形成的"泛政治化""泛意识形态化"的思维定式。

其实,教育是最朴素的,它存在于生活之中。中国古代的教育家讲究"日用切己",讲究"知行统一",外国教育家强调"教育即生活",理皆在此。联合国教科文组织倡导的"学会认知""学会做事""学会共处""学会生存",就是最朴实的教育理念。无论健康教育、公民教育、道德教育,还是科学教育、环境教育、心理教育等等,我们都要根植于日常生活之中,融化在具体的教育实践活动之中。如何在平常养成学生的良好素质,是我们要深深反思的。

山雨欲来风满楼

本刊评论员[1]

夏日炎炎,暑气蒸腾。而在中国的大学校园里,更燎人心气的是一股又一股改革的"热浪"。继北京大学教师聘任制度改革方案(第二稿)公之于众之后,中山大学推出了人事制度改革的完整方案,一些大学面向世界招聘教授的大幅广告也频频出现在媒体上,激起了少有的热烈讨论;教育部发布《关于规范并加强普通高校以新的模式和机制试办独立学院管理的若干意见》,并专门召开网络视频工作会议进行贯彻,这是新近《中外合作办学条例》和《民办教育促进法》颁布实施后出台的一项重大政策,引起了广泛而热切的关注。人们强烈感受到一场改革的"新风暴"即将来临。

这些事件的发生绝不是偶然的,而是改革发展的必然。党

---

① 作者:熊庆年。文献来源:复旦教育论坛,2003,1(05):1。

的十一届三中全会以来,高等教育领域的改革取得了巨大的成绩,这是有目共睹的。但是,由于高等教育在社会生活中的特殊性,改革异常艰巨复杂。高等教育发展滞后于社会主义市场经济发展,是一个不争的事实。然而,这是量变到质变的一个渐进过程,质的飞跃只有在一定的条件下才能发生。很显然,这样的条件正在成熟。

放眼全球,高等教育的概念、使命和职责已经发生了重大的变化,高等教育正在由中等教育后机构转变成终身教育机构,大学承担着促进整个社会可持续发展和进步的使命,高等教育国际化、教育服务贸易的扩大已经是不可逆转的趋势。在我国,经济体制改革的深入、精神文明和政治文明建设的推进、科学技术的发展、人民日益增长的教育文化需求、学习型社会的构建,都对高等教育提出了新的挑战。我国高等教育已经进入大众化阶段,随着高等教育宏观管理体制改革的基本完成,高等教育公共管理问题提上了政府改革的日程。依靠政策性的调整和局部的制度改革,已经不能满足新的社会环境对政府和大学关系的要求。就高等学校内部来说,规模的膨胀、组织的扩张、学科的发展、资源和服务的市场化,都要求建立起新的结构和关系。学校法人治理结构的构建、组织形态的整合、权力结构的调整、经营效益的提高、人力资源开发和知识管理的驱动,等等,成为学校的重大课题。适应性、过渡性、具体各别的改革将难以奏效,必须从整体上、制度上来一番系统的变革。

我们欣喜地看到,无论是试办独立学院,还是教师聘任制度的改革,都触及我国现代大学的根本制度问题。这是不以人的意志为转移的,是我国高等教育发展大势所趋。我们应当紧紧抓住这个机遇,锐意改革,发奋进取,使事业的发展快速上升到一个新的水平,使中国的大学真正能够屹立于世界优秀大学之林。

历史经验告诉我们,改革不可能一帆风顺,制度性变革更是如此。现代大学制度建设是一场深刻的"革命",它必将对政府、社会与学校的基本关系,学校内部组织的基本关系,学校中人与人之间的关系产生重大影响。其艰巨性和复杂性也将是中国高校改革史上空前的,我们决不能低估。

改革需要勇气,越是艰巨的改革,越需要有无畏的精神。在利益、权力、权利的重大调整中,在价值、文化的冲撞中,矛盾和冲突几乎是不可避免的。对此,不能退缩,只能前进。问题在于如何化解矛盾,缓和冲突,减少阻力,坚持改革的大方向。

改革是有风险的,改革需要探索,需要付出成本和代价,然而我们不能因此而裹足不前。我们应当采取科学的态度,积极探索,勇于实践,把风险系数减到最小,把成本和代价降到最低。我们应当推动群众民主参与,这是改革取得成功不可缺少的因素。在学校,改革要紧紧依靠教师,以"教授治校"的精神推进改革。

不改革就不会有大发展,没有现代大学制度的建立就不会有我国高等教育事业的阔步前进。让我们展开双臂,拥抱新的改革!

一位美国教授的告诫

本刊评论员①

　　本期我们刊登了菲力普·阿特巴赫教授的"学术殖民主义在行动：美国认证他国大学"一文。在世界范围内越来越多的学校寻求美国大学国际认证的时候，出现这种将认证与殖民主义相提并论的观点，不能不引起我们的高度注意。

　　高等教育国际化已经是一种世界性的趋势，大学的国际认证的兴起也是势所必然，但是由谁来认证，如何来认证，却是一个十分敏感和重要的问题，需要慎重对待。教育与学术从来就不是与政治功利无关、与价值观念无涉的领域。作为培养人的教育事业，每个国家都企图努力塑造符合本国民族文化传统和国家利益的公民。作为创造知识的学术事业，它也是一种文化价值的载体，尤其是人文科学，往往具有鲜明的民族特征、民族

---

① 作者：周洪林、熊庆年。文献来源：复旦教育论坛，2003，1（06）：1。

风格。科学无国界，教育有主权，学术有利益，这是基本的常识。因此，高等教育在国际化发展的同时，争夺学术话语权，争夺文化控制领域，争夺教育服务贸易市场的"战争"客观存在，大学认证只是其冰山一角而已。

作为一名美国教授，菲力普·阿特巴赫先生提醒我们，"学术殖民主义在行动"，我们不能不佩服他的学术敏锐、求真精神和学术良心。在对其学术品格肃然起敬的同时，我们更应当以理性的目光来审视我们高等教育国际化的进程。

世界是一个多元文化的存在，唯其多元，才丰富多彩，生机勃勃，教育同样如此，大学同样如此。高等教育的国际化是为了使不同的高等教育文化更好地交流与沟通，促进人类的相互了解和文化创造，促进社会文明的进步。高等教育国际化不是西方化，更不是美国化。不错，我们是要学习西方的先进高等教育文化，要学习美国高等教育发展的经验，但我们不是要以西方或者美国的高等教育方式取代中国的高等教育方式，我们不能一切照搬照抄。诚如菲力普·阿特巴赫先生所言，美国制度是针对美国高等教育的现实而设计的，它反映了美国学术系统的历史、规范以及价值观，美国经验可以作为范例来研究，但不能把它拿来出口。他虽然指的是大学认证，但具有普遍的意义。美国人尚且看到了"美国化"的潜在危险，我们更应当有清醒的认识。

今天，国家与国家之间综合国力的竞争更多地表现为人才的竞争、教育的竞争，教育与国家利益攸关，与国家的主权和国家安全攸关。高等教育国际化要服从国家利益，为国家的发展服务，为民族文化的复兴服务。如果我们一切都按别人设计的套路就范，一切都按他国的方式行事，我们的高等教育就会成为不设防的领地，丧失作为民族文化传承载体的功能，成为文化侵略、文化殖民的工具，就会危及国家的安全和利益，危及民族文化的生存。这决不是危言耸听，杞人忧天，世界高等教育发展中早有这样的例证。一些高等教育强势国家积极输出他们的教育文化，他们不是在做慈善事业，不是在做文明的天使，他们有其利益之所在。我们不能不看到，当世界人民满怀希望追求和平与发展，多元政治格局成为大多数国家呼声的时候，霸权主义、强权政治、单边主义与所谓"先发制人"在横行霸道；当经济全球化日益发展，自由开放、平等公平、互利互惠成为世界贸易共同原则的时候，凭借经济强势扩张资本、不公平竞争、倾销商品，依仗技术强势控制标准、垄断市场、设置壁垒，也是屡见不鲜。所以，大力推进高等教育国际化，我们不要忘了这种大背景，不要忘了国家主权、安全和利益。应当以文化的自觉，激发民族文化的自主意识，为中华文化的复兴而走向世界。

新的起点

本刊评论员①

一元复始，万象更新，《复旦教育论坛》度过了周岁。是优是劣、是功是过，自有人们评说，自有时间来检验，我们更着眼于未来的开拓。在高等教育改革"沸腾的时代"，高等教育的研究应当走在时代的前面，我们有责任为开拓搭建平台，铺设道路。

在高等教育日益国际化的今天，高等教育研究需要有更广阔的视野。我国已经是世界高等教育的大国，但并不是高等教育的强国。作为一个发展中国家，我们要走的路还很长，汲取发达国家高等教育的精华，学习发展中国家振兴高等教育的经验，研究世界高等教育的现实冲突与矛盾，都应当是我们高等教育研究的应有之义。更何况高等教育在国际化发展的进程中，国家之间高等教育发展竞争和市场渗透已经成为事实，高等教育

---

① 作者：周洪林、熊庆年。文献来源：复旦教育论坛，2004，2(01)：1。

的相互影响也越来越大,封闭的国家高等教育系统已不复存在,孤立的高等教育政策难以成立。没有更开阔的视野,我们就不可能提供有价值的学术研究成果。广泛的交流、平等的对话、相互的切磋,是扩大视野的好办法。本期所发表的几篇国际学者的文章,正是交流和对话的成果。

高等教育研究要提高水平,还要有多学科的视角和方法。潘懋元先生近年曾经组织多学科的研究,并出版了专门的论文集。再早有美国加州大学伯顿·克拉克的《高等教育新论》,可谓此举的倡导者。以历史的眼光回顾,高等教育的思想家、有成就的改革家,多有其他学科的背景。世界一流大学校长、副校长堪称教育家者,如哈佛科南特、博克,剑桥的阿什比,北大的蔡元培、清华的梅贻琦,皆非教育专业科班出身。我们并非菲薄教育学科专业,而是强调教育学科的综合性与实践性。"功夫在诗外",这是许多人文社会学科发展的特征,教育更是如此。与单纯地封闭在教育圈内的就教育论教育相比,有多学科背景,从多学科角度看教育,可以从总体、内部结构、相互关系上,更好地体察、领悟、把握教育。本刊这期发表了几篇政治学学者论高等教育问题的文章,我们就是希望倡导新的学术风气。以后我们还将陆续发表从其他学科角度看高等教育的文章,欢迎广大作者赐稿。

广阔视野也好,多学科视角也好,先进的方法也好,最根本的是要有创造性的思维,形成有独特内涵的思想。德国洪堡的学术自由、教学与研究相结合的新人文主义,美国杜威的实用主义、哈钦斯的永恒主义、舒尔茨的人力资本理论,英国阿什比的大学生态学、技术人文主义等，无一不是具有独创精神的新思想，由此才推动了高等教育的发展。我们在学习先进经验时，师生比、选修课、学分制之类局部的、操作层面上的论证、模仿固然需要，但不能长期停留、满足、陶醉于此。平心而论，当今中国高等教育改革，最感缺乏的是顺应时代潮流、适合中国国情的带有整体性、前瞻性、原创性的新观念，缺乏我们中国教育、教学上的论、学、哲学、主义！高等教育要创新，高等教育研究更需要创新。《复旦教育论坛》期待新人、新论、新学、新主义的诞生！我们愿做一块奋进的铺路石，愿做一个孕育新秀的摇篮！

十年磨剑

本刊评论员①

最近,复旦大学收到了一份特殊的厚礼——李岚清同志亲笔题赠送给母校的《李岚清教育访谈录》。本期我们转载了许嘉璐先生的学习体会文章,同时还刊发了两篇相关的文章。我们之所以要这样做,不仅仅是因为李岚清同志是复旦校友,更重要的是我们认为,《李岚清教育访谈录》是一部值得珍视的高等教育改革理论文献。它所蕴含的教育改革思想是宝贵的精神财富,值得我们深入地学习和研究。

理论来源于实践,又指导实践是马克思主义的基本原理。毛泽东同志在几十年前就深刻地论述了人的正确思想只能来源于社会实践。中国高等教育十年改革是一次具有划时代意义的根本性变革,在这场变革可以称得上"轰轰烈烈"的社会实践中,

① 作者:张慧洁、周洪林、熊庆年。文献来源:复旦教育论坛,2004,2(02):1。

中国教育工作者不断探索、总结，逐步形成了有中国特色的高等教育改革与发展的思路。

李岚清同志作为主管教育工作的党和国家领导人，是改革的推动者和指挥者。《李岚清教育访谈录》是对中国高等教育改革实践所作的理论思考，无疑具有重要的学术价值，它不仅对当前正在深入进行的高等教育改革具有指导作用，而且必将在今后相当一个时期内产生重大影响。无论是实际工作者，还是理论研究者都不可等闲视之。

中国正处在一个重要的发展机遇期，中国的高等教育也同样处在重要的发展机遇期，我们要抓住发展的机遇，就必须有正确的教育思想、教育理论作指导，必须树立科学的发展观，制订正确的发展战略。同时，实践的发展是无止境的，思想和理论的更新同样无止境。改革与发展离不开创新，改革的每一个环节

的转化都需要创新，没有创新就不可能有各个环节的转化。因此，我们提倡学习、研究《李岚清教育访谈录》，并不是一般地为了作历史的总结，而是为了对未来中国高等教育改革作更深层的理性思考，从而在理论和实践上不断创新。

从问题出发

本刊评论员①

20 年前,杨振宁先生曾经对赴美的中国访问学者和研究生说,在这里"最大的好处是和实际问题比较接近,使我知道哪些可以有发展,并且学习到一些思想方法。"杨先生甘苦之言不只是描述了一个事实,更重要的是提出了一个研究的方法论问题。这些话我们今天读来,仍感到十分亲切。

我们的国家、我们的高等教育,都处在一个重要的发展机遇期。最近教育部公布的《2003—2007 年教育振兴行动计划》提出了我国教育发展的新思路,坚持科学的发展观是把我们的事业不断推向前进的思想前提。什么样的发展才是科学的,并没有现成的答案,需要从理论和实践上进行深入的研究,而这种研究应当立足于现实中提出的问题。马克思说过:"问题就是公开

① 作者:熊庆年。文献来源:复旦教育论坛,2004,2(03):1。

的,无畏的,左右一切个人的时代声音。问题就是时代的口号,是它表现自己精神状态的最实际的呼声。"问题是现实矛盾的反映,实践中提出的新问题是推动理论发展的强有力动力。

从问题出发,就是从国家建设、国际形势对教育提出的问题出发,从我国高等教育改革、提高质量、开拓创新、建设世界一流大学中出现的问题出发,从教育行政领导、大学校长书记、教师和学生乃至家长遇到的现实问题出发,作出我们的思考与判断,提出我们的分析和对策。

从问题出发,并不是一二三四、ABCD 的罗列,而是要抓住那些在实际中经常碰到的带有普遍性的问题和难以解决的重大问题,进行调查研究,充分占有资料,分析、综合、比较,透过现象看本质,发现其特点、规律和趋势,从而找到解决问题的办法。

从问题出发,要区别研究与宣传的不同。宣传的中心任务是把法律法规的意义告诉人们,把党和政府的决策、政策传达给群众,以形成社会共识和社会行动。研究不是解释法律、法规,不是解释决策和政策,研究要揭示矛盾,展开问题分析,作出学术的判断,为法律、法规的制订、为党和政府的决策提供知识支持。

从问题出发,要力戒浮躁、华而不实、急功近利。从抽象的理论出发,从概念到概念,从书本到书本,教条主义、空发议论、无病呻吟,甚至虚假、剽窃,在我们现今的教育研究"成果"中是不乏其见的。

从问题出发,绝不意味着我们轻视理论,我们所反对的只是脱离实际的所谓理论。我们高度重视从问题出发,从对实践的研究中提炼抽象出自己新的、真正的理论。"实践的观点是辩证唯物论的认识论之第一和基本的观点"(毛泽东)。历史上的学术理论经典、思想理论创新,也都是从当时的问题出发的,"每个原理都有其出现的世纪"(马克思)。

我们热忱地期待,从问题出发,源于实践、高于实践、指导实践的理论研究文章,能够使我们的论坛生气勃勃、春意盎然。

知识生产当计长远

本刊评论员①

　　大学是知识生产的场所，其最高目的在创新知识，开拓人类的认识视界，造福于人类社会。江泽民同志提出，"为了实现现代化，我国要有若干所具有世界先进水平的一流大学。"什么是一流大学？仁者见仁，智者见智。但人们普遍认同一点，一流大学要有一流的知识创新成果，一所大学能否成为一流，最终要看其知识创新水平是不是达到了世界一流。毋庸讳言，即使我国的顶尖大学，知识创新水平离世界一流大学还有很大距离。如何提高知识创新能力和水平，是大家都心焦的问题。人们都在琢磨，我们为什么出不了诺贝尔奖获得者，为什么少有大师，为什么知识生产力不高？

　　本期我们发表了顾海兵、王宝艳的研究报告"中国科技成果

---

① 作者：熊庆年。文献来源：复旦教育论坛，2004，2(04)：1。

评审制度研究"，作者认为，带有浓厚计划经济色彩的我国科技成果评审制度，不适应市场经济发展的要求，需要寻找适合未来发展的科学评价方式。朱新梅的文章"对知识生产实用化的批评"，则从另一个角度分析了我国大学知识生产中的问题。作者认为，由于市场因素的渗入、政府问责的实行、社会需求的高涨以及大学自身绩效管理的盛行，大学的知识生产出现了实用化倾向，其负面影响可能会导致知识生产创新能力低下，带来学术的肤浅化与泡沫化。

作者的用心是良苦的，他们的观点乃一家之言。然而问题之重要就在于，知识生产的政策导向和制度安排，不只是关系学术发展，关系知识创新能力与水平，关系一流大学的建设，更关系到综合国力提高、民族复兴的核心动力，我们必须有清醒的认识。

按照辩证唯物主义的观点，事物都有其规律性，按规律办事，才有发展，才有成功，反之则停滞，则失败。知识生产同样有其自身的规律性，科学研究更要讲究科学精神，要按科学活动的规律办事。今天，党的新一代领导人提出树立科学的发展观，抓住了我国改革与发展中根本性的重大问题。其意义之深广，不仅对于经济与社会发展至关紧要，而且对于各项事业的发展都具有深刻的指导意义，知识生产也不例外。

人无远虑，必有近忧。在高等教育迅猛发展、大学改革蓬蓬勃勃的今天，我们的确需要很好地审视现实，清理我们的观念。要克服私欲，克服短视，克服浮躁，克服主观，克服一切不符合知识生产规律的思想与行为。要尊重知识，尊重人才，尊重科学，尊重学术自由,尊重知识生产规律。把握当前,立足长远,放眼全球,遵循规律,不懈奋斗,我们就一定能够激发出中华民族的伟大创造力,我们就一定能够使中国的大学立于世界一流大学之林。

潜规则必须破除

本刊评论员[①]

　　近一个时期以来,"潜规则"一词在媒体中频频出现。小巨人姚明在奥运篮球赛场上发怒,有人说姚明触犯了体育界的"潜规则"。福建某县委书记投书人民网,有人说他违犯了官场的"潜规则"。而新近两件招生风波,也有人归咎于触动了高等教育领域里的"潜规则"。

　　规则者,共同体成员所必须共同遵守之明文行为准则也。任何一个社会共同体都必须要有一定的规则,这是一个基本的社会常识,所谓"没有规矩不能成方圆"。规则之所以要明文,在于它代表着共同体成员的共同意志,在一定意义上代表了组织的公正和正义,必须用所有成员都能共同理解、共同掌握、共同应用的方式进行表达。规则的系统和细密程度,与共同体的成

---

① 作者:熊庆年。文献来源:复旦教育论坛,2004,2(05):1。

熟度、公平度、公正性和运行效率密切相关。一个公平、公正和有效的成熟共同体，必定有完善的规则。共同体的运行规则上升到一定层面，则成为规章，成为制度，乃至成为法律。社会作为最高的共同体，明文规则即表现为法制。

何谓"潜规则"？潜者，隐行也，暗行也。也就是没有明文规定，而暗中通行的行为准则。"潜规则"之所以要"隐行"，在于它只代表着共同体某些成员的意志和利益，不能登大雅之堂，不便于明说，有碍于公平、公正，有违于公德。"潜规则"之所以存在，往往在于明文规则的不健全、或者不能实行，特殊利益集团利用这一现实土壤而构筑起自己的特殊行为准则。"潜规则"的存在，对共同体是一种腐蚀，它导致公平、公正的缺失，导致权利和利益的失衡，导致组织的低效和涣散，甚至导致共同体的崩溃。一个共同体的"潜规则"越少，这个共同体越成熟，越健康，越发展。

在我国高等教育领域中，在我们的大学中，是不是存在着"潜规则"，这是大家心里都明白的事。在利益矛盾的冲突中，一些"潜规则"浮现出来，其实还有更多的仍然潜藏在"水底"，绝对不止招生上存在"潜规则"。我们没有必要遮遮掩掩，没有必要吞吞吐吐，更没有必要强作辩解。在邓小平理论的指导下，我们的社会正在从计划经济体制向社会主义市场经济体制转型、从人治到法治的转变之中，旧的规则、制度在不断革除，新的规则、制度在不断建立，新旧的交替、冲突不可避免地带来这样那样的问题。高等教育不可能例外，大学也不可能例外。我们应当正视存在的问题，努力破除"潜规则"。

　　现代大学制度的缺失,是高等教育领域"潜规则"存在的客观条件。我们要真正破除"潜规则",就要加快建立现代大学制度,铲除"潜规则"的生存土壤。然而制度建设是一项艰巨的任务,非一蹴而就之事。规则、制度是一定价值观念的体现,现代大学制度应当以什么价值理念为追求,需要经过思想的交锋才能达成共识。规则、制度表现为权力和权利的形式,现代大学制度应当以什么样的治理结构来实现,需要各种力量的博弈以达到平衡。规则、制度代表着秩序,秩序意味着一定利益,现代大学制度应当以什么样的架构来整合,需要系统地调适。现代大学制度完备之日,就是"潜规则"灭迹之时。

为院校研究呐喊

本刊评论员①

金秋十月,喻家山麓,二百余名院校研究者聚首于华中科技大学,研讨院校研究的理论、方法与问题,大家的热情使东道主多少感到几分意外。此番热烈景况,与他们勠力推动当然有关,但更多的是"势使之然也"。高等教育事业的迅猛发展,给我国高等院校带来了难得的机遇,也带来了各种复杂的问题与困惑。面对社会的问责,面对自身的变革,如何去回答,如何去应对,这是高等院校的领导者、管理者以及高等教育研究者都不能不考虑的事。现实的期待是学术发展的源泉,院校研究成为今日中国高等教育研究的"亮点",一点也不为怪。

院校研究作为一种系统的知识,或者作为一个学术性概念,出自于美国。20世纪中叶,美国高等教育由大众化向普及化挺

① 作者:熊庆年。文献来源:复旦教育论坛,2004,2(06):1。

进，规模的扩张、组织的多样化、管理的复杂化、资源的多元化、社会问责的强化、市场竞争的日益激烈等等，使得院校研究成为高等院校发展的必需，并逐步成为一个独特的应用研究领域，形成了一套较为科学的理论与方法。今日的中国，高等教育已经进入大众化阶段，我们所面临的问题与当年的美国多有相似之处，我们有理由相信院校研究在中国一定会呈蓬勃之势。

院校研究以本校为研究对象，旨在为本校决策者提供管理信息和决策辅助，以提高管理水平，改进管理实践，增强学校竞争力。这种研究在我国其实有较长久的基础。改革开放以后不久，大多数高等院校就成立了高等教育研究机构，围绕学校的改革和发展，开展了很多卓有成效的研究工作，应当说这些工作就属于院校研究的范围。当然，不能不看到，我们的这些工作存在着一些明显的局限，离科学化的研究还有相当大的差距。尤其没有与高等教育整体性研究区别开来，过于关注学校外部宏观改革，过于迷恋研究的理论化、学科化，而忽视对学校自身的探究，忽视实证的深入分析，天马行空式的演绎和思辨成为主导范式，从而削弱了实际的应用价值和理论价值，也降低了研究的社会信誉度。这是需要我们好好反思的，否则我们的院校研究就不能进步，就难以进入科学的领域。

借鉴发达国家的历史经验，引进国外院校研究的理论与方法，是推动我国院校研究发展的一条捷径。经过几十年的摸索，美国以及一些发达国家的院校研究已经形成了基本的科学范式，系统的专门化知识、明确的研究范围、多样的研究角度和研究方法，以及完善的支持系统和多元服务功能，构成了院校研究理论、方法和工具的完整体系。对我国院校研究而言,它们具有很高的实践价值。然而,无论国外院校研究的理论、方法和工具怎样好,我们都不可能完全照搬。国情决定了我国高等院校发展环境的特殊性,我们必须从实际出发,从一般到特殊,构建起适合本土特色的理论、方法,打造出符合现实需要的工具。

院校研究是一项实践性很强而又错综复杂的工作,需要有制度化的安排和各种资源的支持,更需要有志于院校研究的人们投入火一般的热情和坚韧不拔的努力。我们不能期待一切条件都具备了再开展研究,也不能坐等所有的关系都理顺了才迈步。外部的支持要靠我们工作所显示的乐观前景去驱动,良好的研究环境要通过我们的协调与合作去形成。院校研究不只是学者的事业,也是高等院校领导者、管理者的事业。院校研究者应当是一个广泛的知识共同体,是领导者、管理者和学者积极互动的学术群落。只有把各方面的力量都调动起来,才能有充足的资源、充分的条件,才能形成良好的研究环境。

让我们为院校研究摇旗呐喊!期待院校研究蓬蓬勃勃,遍地开花结果,为具有中国特色的现代大学制度的形成,为我国高等院校健康发展,作出独特的贡献。

制度建设需要勇气、策略和智慧

①

历史告诉人们，一个国家能否富强，取决于制度的进步与否。从一定意义上说，国与国之间的竞争，最根本的是制度上的竞争。改革开放以来，中国社会最为深刻的变化之一就是社会制度在不同层面的变迁与变革，而社会生产力的解放正是在这种不断的制度创新中才得以实现。实践使人们体验到了制度变革在改革和发展中的巨大动力作用，又推动着人们去进一步探索制度创新的路径。

毋庸讳言，我国教育领域的制度变迁和变革相对滞后，而高等教育的制度变革的滞后又有甚于其他，现代大学制度建设至今仍然停留在一般概念层面的讨论之中。究其缘由，盖教育与社会生产的关系具有非直接性，教育对社会生活的反映具有时

① 作者：熊庆年。文献来源：复旦教育论坛，2005，3(01)：1。

滞性,故没有能够很快成为社会制度变迁与变革的前沿。至于高等教育,其系统结构的复杂性与保守性,其功能结构的政治敏感性,其利益主体的多元性和特殊性,等等,无疑束缚了高等教育制度变迁和变革的脚步,而观念的陈旧、理论研究的落后也是重要的因素。

当前,我国高等教育事业的发展进入了一个新的阶段,高等教育发展的各种矛盾也越来越突出,深层次的矛盾愈发凸显,制度短缺、制度缺失成为制约发展的一个"瓶颈",成为束缚知识生产力的"桎梏"。要从根本上解决这些深层次的问题,为高等教育的改革和发展提供新的动力,就必须实现治道变革,从人治走向法治,加快现代大学制度建设,推动中国高等教育的可持续发展。

现代大学制度建设从一定意义上说是一场"革命",它是对现存秩序规则和行为的批判,是各种权力、权利和利益的重新调整,必然触及各种"敏感"问题,必然遇到各种阻力和困难。我们必须要有足够的勇气来面对现实,去战胜困难。我们应当看到,在党的十六届四中全会精神的推动下,我国的改革和发展正在走上更加健康的道路。我们应当看到,经过二十多年的改革和发展,我们已经积累了丰富的经验,积聚了充足的能量。任何的彷徨、怯弱和疑虑都是多余的,我们要以大无畏的气概去战胜前进道路上的一切障碍。

西方现代大学的组织形式在中国出现不过一百多年的历史,就制度而言,有八百多年历史的西方大学显然比我们要成熟得多,中国建设现代大学制度应当借鉴西方大学制度的成功经验。然而我们应当清醒地看到，世界上并不存在理想而又现实可行的"唯一"现代大学制度，也不存在永久保持不变的现代大学制度。我们能够观察到的只是相对成熟和进步的多样化的制度，并且这些制度仍然处于演化与变革之中，每一种制度都是特定条件和特定环境下的产物。我们的借鉴必须从中国的实际出发，完全照搬照抄必定"水土不服"，甚至可能导致失败。

制度建设不是凭空创造，"用来消除已经发现的弊病的手段，也必然以多少发展了的形式存在于已经发生变化的生产关系本身中。这些手段不应当从头脑中发明出来，而应当通过头脑从生产的现成物质事实中发现出来。"（恩格斯）制度建设要在现有制度的基础上去变革和创新，需要智慧和谋略。不同的变革道路、不同的变革方式，会带来不同的结果，关系到变革的难易和成败。现代大学制度的核心价值是学术自治、学术自由，然而任何自治和自由都是有代价的，是有风险的，人们要为自由选择的"可能生活"的各种后果负责。

有学者指出，制度的可实施性（制度创新是否有效）是真正困难之所在。实际上，制度变革是一个渐进的过程，是一个不断试错的过程，我们不能期望中国现代大学制度在一天建成，也不能希冀一剂良药解决所有的困难和问题。因此我们要脚踏实地、不懈努力、坚忍不拔、不断探索。只有这样，前途才是光明的。

大师、大楼与大气

本刊评论员①

　　"大学者非大楼之谓也，大师之谓也。"恐怕是现今中国人论大学引用频率最高的一句话。梅贻琦先生的这句名言之所以为人们钟情，就是因为它道出了办好大学的一个基本理念。一所真正追求卓越的大学，它应当有能够创新知识的杰出教师。师之所存，道之所在；道之所在，人之所向；英才聚焉，故成其大。大学发展的历史完全可以印证梅先生的这句名言。考察当今世界一流大学，哪一所不是大师群聚、名硕云集、人才济济？一所大学可以因大师之至而兴，可以因大师之去而衰，故大学之争实为大师之争。

　　梅先生言简意赅，涵义深远，用今天的话语来说，就是人力资源是大学的第一资源。然而，大学有大师，并不排斥有大楼。

① 作者：熊庆年。文献来源：复旦教育论坛，2005，3(02)：1。

如果以为大学无须有大楼，恐失却梅先生本意，清华当年校园之楼亦不无可观者。若有大师而无大楼，大师将何所栖身？今天的大学已经不是几百年前只有数十、上百个学生的大学，今日的科学研究也不只是几位大师独居陋室可以囊括，今天的大学学生成千上万，今天的科学研究可能一个项目要上百人一齐攻关，没有大楼行么？故先贤粹言，须得辩证，方可得其意蕴之真。正如科南特说一所大学的荣誉在于其学生，强调学生对于大学的重要一样，梅先生所强调的也只是大师是办好大学的首要条件，并不是说办好大学不需要大楼。大楼是一所大学的基本条件，没有大楼也就没有大学，这也应当是常识。没有大楼，大学何以筑巢引凤，何以大庇莘莘学子。我们怎能想象，今天的大学还像孔夫子那样杏树之下设坛授徒；我们怎能想象，今天的科学家还像居里夫妇那样，在自家陋院里炼矿石。大师与大楼，皆为大学所需，关键在于大楼要为大师所造，为莘莘学子而建。非此，则可以休矣。

生活在21世纪，我们不能再用小农经济的观念来看待今日大学的发展，不能再以"象牙塔"的理想来规范今日大学的追求。大学要有大师，要有大楼，更要有大气。在我们中国人的观念里，气乃万物之精，天地之髓，灵类之使。无气则无魂，无魂则奄息而颓，大学亦然。所谓大气，乃浩然之正气。有大气，大学则卓然立于世。若无大气，大学则一学店而已，与工厂、商厦何异！

大学之大气，在坚忍不拔、追求真理的精神。大学的价值在于，它是社会知识的源泉、思想的动力、道德的良心。不畏政罗教网所羁，不惧世风俗染所侵，坚持学术自由，大学的价值才会辉耀。

　　大学之大气，在心系人类、关爱社会的情怀。当今世界面临的许许多多问题，已经超越了国界、超越了民族，需要各国人民共同努力去解决。大学的责任不在一时的政治和经济功利，不只在本国、本民族的进步，更在于为整个人类社会的健康发展。

　　大学之大气，在立足全球、放眼未来的视野。知识是人类共同的财富，科学没有国界。在知识发展的竞争中，如果没有全球的眼光，如果没有面向未来的瞻望，如果没有国际的合作与交流，就不可能走在知识创新的前列。

　　大学之大气，在海纳百川、兼容并蓄的胸襟。知识的创新只有在百花齐放中才会欣欣向荣，思想的开拓只有在百家争鸣中才会奋力向前，智慧的闪亮只有在大德大爱中才会火花四迸。

　　有大师、有大楼、有大气，师生奋进，就会有大成，就会有一流大学。

善教者致其功

本刊评论员①

"好雨知时节,当春乃发生。随风潜入夜,润物细无声。"这是唐代大诗人杜甫《春夜喜雨》的诗句。它历经千年为人们所乐意吟诵,不烦引用,不仅因为它是描绘自然景象的神来之笔,而且因为它反映了自然的规律、生活的哲理。人们常用"润物无声"来表达教育的意蕴,是再贴切不过的了。今天,我们在讨论加强和改进大学生思想政治教育的时候,细细品味这些脍炙人口的诗句,一定会有别样的感受。

十多年前,小平同志曾经实事求是地坦言,"十年最大的失误是教育,这里我主要是讲思想政治教育"。按照小平同志的指示,大学生思想政治教育受到高度重视,不断得到加强。只要翻开一年又一年关于教育工作的文件看一看就清楚,哪一年没有

① 作者:熊庆年。文献来源:复旦教育论坛,2005,3(03):1。

加强大学生思想政治教育的内容。想想十几年来,学校何曾放松过大学生的思想政治教育。然而,现实的情况是,我们的工作实效并不那么如人意。作为教育工作者,我们的确应当很好地反思:为什么花了很大的力气而成效不佳?

导致这种状况,当然有多方面的主客观因素,但毋庸讳言,对思想政治教育规律的认识不足,是一个重要的因素。教育有其自身的规律,按照教育规律开展教育活动,教育就会有成效;不按教育规律办事,教育活动就难有好的成效甚至没有成效。思想政治教育是教育的一个方面,其活动也不能背离教育的基本规律。强调其重要性和特殊性而忽视其作为教育活动的基本规律,就必然会南辕北辙,事与愿违。所以,加强和改进大学生思想政治教育,首先让思想政治教育姓"教",要尊重教育规律,正确认识教育规律,照教育规律办事。否则,只能是重蹈覆辙。

教育是一种非常复杂的社会活动,教育既要诉诸人的理性,也要调动人的情感;既要心理的调适,也要行为的导引。教育不能只用知识去充塞人的大脑,而要用智慧、情感、意志去丰富人的精神世界,要通过社会实践去改变人的行为。思想政治教育涉及价值判断,更不是一般的知识传授所能奏效的,需要综合运用各种教育方式和手段。就课程的角度上讲,在思想政治教育上,隐性课程的作用较之显性课程的作用,更具有穿透力。中国古代的教育家们就十分懂得"顺性而教",行"不言之教"。宋代的思想家王安石在谈到思想道德教育时,曾经说:"善教者藏其用,民化上而不知所以教之之源。"这里的"藏其用",就是要让受教育者在不知不觉中受到教育。如此"善教",可谓掌握了教育的规律。

马克思指出,"人类的特性恰恰就是自由的自觉的活动"。教育作为人类促进自身发展的自觉行为,它的成功取决于人的主体性发挥。在教育活动中,教育者和受教育者都是主体,他们在相互的作用中而获得其主体性。思想政治教育要真正取得实效,就要充分发挥教育的主体性作用,尤其要充分尊重受教育者的主体性作用。所谓以人为本的教育,就是要立足于激发学生的主体意识,让他们成为自由的自觉的学习者、思想者。因此,我们要深入地研究大学生,真正了解现实社会中大学生的精神世界,真诚地与他们进行心灵的对话,我们就会牢牢把握思想政治教育的主体性、规律性。

教育是科学,也是艺术。只要以求真务实的态度去加强和改进大学生思想政治教育,我们就能把积极的工作化为"知时节"的"好雨","滋润"千千万万生命勃发的"春苗",成就百花争艳、万木竞绿的"春景"。

也谈教育公平

本刊评论员①

最近一个时期以来,关于公平、特别是教育公平的议论颇多,这反映了人们对这个问题的关心。应该看到,教育公平之所以成为出现频繁的一个关键词,是因为现实中存在教育不公平,而且问题不少,有些方面甚至相当严重,不能不引起我们的高度关注。

关于教育公平的问题,人们发表了很多真知灼见。对如何解决教育不公平问题,也提出了许多有益的建议。但在这些议论当中,也存在一些意气之论、无济之说。我们认为,教育公平问题是事关民众百姓利益的大事,是事关构建和谐社会的大政,不可不严肃审慎地对待。我们不仅要有良好的愿望,而且要有科学的态度,更要有建设性的意见。

---

① 作者:周洪林、熊庆年。文献来源:复旦教育论坛,2005,3(04):1。

　　教育公平问题是具有普遍性的社会问题,不仅中国有,外国也有;过去有,现在也有。教育公平问题又是个十分复杂的问题,在不同的历史条件下,在不同的社会环境当中,都会有特定的反映。马克思主义告诉我们,具体问题要作具体分析。对于我国现实中存在的教育不公平现象,也应当采取实事求是的态度。现实中教育不公平的很多具体问题,是处置不当造成的。但从长远、全局看,更深层次根源在于以前我们常说的城乡差别、工农差别、脑力劳动和体力劳动的差别等三大差别的存在。近年来,这个化那个化说得很多,讲发展 GDP 多,而缩小三大差别则逐渐被淡化甚至遗忘。今天的现实是三大差别进一步扩大,经济不公平远比教育不公平更突出。党和政府近来提出要特别关心弱势群体、贫困地区,不失时机地提出构建和谐社会,其重大意义正在于社会主义的长远目标。教育不公平的根源在于经济的不公平! 离开教育与经济,教育不公平与经济不公平这种最基本、最重要的关系,就事论事、就教育论教育,光给教育"打板子",其实不得要领。

　　有人说,改革开放前没有这些问题。然而我们相信大多数人不愿回到过去搞绝对平均主义,大锅饭大家穷。贫困不是社会主义,要使人民富起来,就必须改革开放,走社会主义市场经济的发展道路。市场就意味着竞争,竞争才有效率,但也会带来两极分化,于是就产生了公平问题。可见,公平问题是在改革发展中出现的问题。而效率与公平,一直是竞争中的两难悖论,即使在市场经济发展时间长、发展程度高的地方,至今也仍然没有完全解决,哈佛大学罗尔斯的《正义论》就是探讨这个问题的。

在美国一流大学学生中，富家子弟、高官子弟要比打工者子弟、黑人子弟所占的比例高得多，就是一个明证。

面对市场竞争中效率与公平的两难，最重要的一点是始终牢牢把握兼顾效率与公平统一的度，适度、适可而止、恰如其分，这是坚持科学发展观、构建和谐社会、全面建设小康的题中应有之义。要防止顾此失彼，只问效率、不问公平，或者只问公平、不问效率；一个倾向掩盖另一个倾向，一个极端跳到另一个极端，无益于问题的解决。从这个角度看问题，解决教育不公平问题不能一哄而起，不可能一步到位、一劳永逸。要有立即着手的紧迫感，同时要把解决现实问题与发展战略的长期性相结合。只顾当前、不管长远的就事论事，或者逃避现实、坐等将来的无所作为，都是不可取的！

而今迈步从头越

本刊评论员[①]

公元1905年,一件划时代的事件震惊了中国大地。清廷宣布,废止科举。延续了一千三百年的取仕制度走到了尽头,它标志着中国封建统治基础的瓦解,也标志着封建教育制度的终结。

公元1905年,中国第一所由中国民众自己开办的大学在上海诞生。爱国志士马相伯为了反抗外国教会对震旦公学的控制,毅然宣布脱离,创办复旦公学。它标志着中国人民的文化自觉,中国高等教育史从此翻开了新的一页。

复旦大学的诞生分明承载着时代的重荷,承载着民族的希望,承载着民众的期待。

百年风云,弹指一挥。抚今追昔,可歌可泣。"五四""五卅",复旦学子奋勇当先。"九·一八""一二·九",复旦学子一

---

① 作者:熊庆年。文献来源:复旦教育论坛,2005,3(05):5。

往无前。反独裁、反内战,复旦师生不畏牺牲。为振兴民族工商业,复旦首设商科。为救国赈民,复旦创办农科。为防病防疫,上医师生深入敌后。中华人民共和国成立,复旦海纳百川,融合众家,汇聚名师,耸起一座座学术高峰,实践科教兴国之梦。修辞学体系的建构、文学批评史的创获、中国历史地理学科和中国比较制度分析学科的创建、卢鹤绂不可逆方程的提出、微分几何学派的创立、中国遗传学的奠基、世界首例断手再植成功、第一只 x 光管的诞生、第一台静立垂屏式人工心肺机研制成功、第一台质子静电加速器建成、第一台电子模拟计算机问世……

蒋梦麟先生曾经说过,校庆是全体师生反省的日子。回首往事,是什么力量使复旦人义无反顾,勇往直前? 是什么精神使复旦人战胜艰险,建树立新? 是一种追求正义的学术良心,是一种求真务实的社会责任感。复旦人始终把自己的发展与国家、民族的命运相联,与社会、民众的需求相关。李登辉校长曾经对毕业生们说:你们“应当是一个有学问的人,应当从此对国家有所贡献”,“应当为社会服务,为人类牺牲”,“服务、牺牲、团结,是复旦的精神,更是你们的责任”。一代又一代复旦人正是努力实践了这一精神,才谱写了不朽的历史篇章,创造了辉煌的兴学业绩。

大江东流,奔腾不息。瞻望未来,任重道远。21 世纪头一二十年,是我国社会发展的重要机遇期。全面建设小康社会,科学地发展、和谐地发展,离不开知识创新、思想创新、文化创新,需要造就成千上万有理想、有道德、有人文关怀、有全球视野、有创新精神、有领导才能的高级专门人才。作为中国高等教育的“国家队",复旦大学肩负着特殊的使命。地处上海,居拥中国第一大城市,复旦大学还负有另一份义不容辞的责任。一流城市需要有一流的大学,联接五洲,积聚英豪,科教兴市,复旦大学理当在前。

日月光华,旦复旦兮。百年的辉煌已经成为历史,骄人的业绩已经成为陈迹。我们更关注未来,展望腾飞之路。成为亚洲一流大学、世界一流大学,这是复旦人的梦想。靠什么来实现?一靠精神,二靠制度。一代又一代师生所铸就的复旦精神,是我们最宝贵的财富,是学校发展的内在动力。只要我们不断发扬光大复旦精神,以高度的历史责任感和社会责任感来看待自己的使命,就能排除万难去争取胜利。现代大学制度是学术发展和创新的基本保证,只要我们实事求是,坚韧不拔,勇于探索,厉行改革,就会建立起适应未来发展的现代大学制度。有了好的制度,就会出人才,就会有大师,就会有知识创新。

思想独立,务实求真,兴邦济民,弘毅坚韧。让我们以崭新的面貌、昂扬的精神、饱满的热情,去迎接新的百年、新的征程。迈步从头,奋勇向前。

努力前程

①

    复旦大学百年庆典落幕了,但它带给师生们的激奋,在校园中久久回荡。胡锦涛同志的贺信、吴邦国同志的讲话,以及其他中央领导的贺信、贺辞,不仅对复旦大学在国家高等教育科学事业发展中的重要贡献给予了充分肯定,而且表达了党、国家和人民对建设具有世界一流水平的社会主义综合性大学的殷切期望。复旦人无不为之欣喜和自豪,更为之振奋和斗志昂扬。

    复旦大学百年校庆,不只是复旦人的节日,也是中国所有大学的节日。复旦百年的历史,实际上是中国高等教育事业发展的一个缩影,它充分反映了中国知识分子为民族振兴、国家昌盛、民主进步、科学发展而不懈奋斗的坚韧精神。中央领导同志对复旦大学的肯定,实际上是对我国高等教育事业发展正确方

———————————

① 作者:熊庆年。文献来源:复旦教育论坛,2005,3(06):11。

向的肯定,是对我国知识分子卓越贡献和精神追求的肯定。

复旦大学作为中国民间人士自主创办的第一所高等学校,历经百年风雨沧桑。在一个世纪的发展历程中,复旦人百折不挠,始终以民族复兴为信念,以服务社会为己任,作育人材,蕴积人文,创新知识,所以能够一次又一次得到政府与社会民众的支持,渡过艰难险阻,所以能够一次又一次抓住发展机遇,不断壮大实力,成为名冠东南的著名学府和学术重镇。吴邦国同志深刻地指出,"复旦大学 100 年来的发展,反映了我国高等教育事业发展的历程,也昭示了这样一条规律:大学的命运是同国家的命运紧紧联系在一起的,大学的发展也是同国家的发展紧紧联系在一起的;国家发展是大学发展的重要前提,大学发展则是国家发展的重要保证。"我们的国家正处在一个重要的历史发展机遇期,我国的高等教育事业也跨入了一个新的发展阶段,大学应紧紧抓住这一难得的机遇,锐意进取,谋求发展,为国家和社会作出更大的贡献。

国家、民族的崛起离不开教育,知识经济时代的来临使高等教育越来越走向社会发展的中心,而一流大学越来越成为一个国家综合国力的重要体现。1995 年,党中央提出实施科教兴国的战略。同年,江泽民同志为我校 90 周年校庆题词:"面向新世纪,把复旦大学建设成为具有世界一流水平的社会主义综合性大学",第一次明确提出了建设世界一流大学的理念。而国家"985 工程"计划的实施,则把这一理念确立为国家教育发展的战略目标,转化为高等教育改革与发展的具体实践。几年来,一批重点大学在政府的重点支持下,努力集聚人才,夯实发展基础,提升核心竞争力，取得了卓有成效的成果。吴邦国同志重申："建设若干所世界一流大学，是中央从我国现代化建设全局出发作出的一项重大决策。"强调指出："建设中国自己的一流大学，是落实科教兴国战略、人才强国战略的重大举措，是关系国家发展、民族复兴的重大任务，是功在当代、利在千秋的大事，必须坚持不懈地抓紧抓好。"这将鼓舞我们坚定信心，朝着既定的目标，继续奋勇前进。

建设世界一流大学关键在创新，"一流大学应该成为基础研究和高技术前沿领域原始性创新的重要源头，应该成为理论创新和文化创新的重要力量，应该成为汇聚优秀创新人才的重要平台和培养创新人才的重要基地。"中央领导同志的殷切期望，不只是对复旦大学的期望，也是对所有"985"学校的期望。而达成这一目标，首先需要我们以创新的精神去改革，改革那些不适应发展要求的思想和理念，改革那些不利于发展要求的组织和机制，改革那些不适合发展要求的制度和政策。大学自身创新了，才会变成有创新能力的大学。当我们的大学真正成为国家自主创新基地之日，也就是一流大学建成之时。

通识教育也要不断创新

本刊评论员①

新年伊始,我们组织了一组文章,专门讨论通识教育问题。希望能引起人们对这个问题的关注,希望能引起大家对教育教学改革的关注,重视大学人才培养质量提高涉及的方方面面的问题。

不可否认,改革开放以来,我国高等教育的改革和发展取得了巨大成绩,高等教育大众化的实现、世界第一的高等教育规模就是一个举世公认的事实。同样,应该看到,我国高等教育确实存在问题,而且不少,有些甚至很突出。人才培养质量不高、创新能力不足,就是其中之一。反观二十多年来我们的高等教育改革,比较而言,对于人才培养方面的改革相对滞后,步子迈得不大。对于过度专门化、应试教育一类问题,虽然人们已发了不

① 作者:熊庆年。文献来源:复旦教育论坛,2006,4(01):1。

少议论,实践上也作了一定的探索,但总体而言,深层次的探索还有待深化,建构创新尚显不足。随着高等教育大众化的实现,大学培养规模的扩大,人才培养观念落后、培养体系僵化、质量不高的问题更加突出。大学的第一职能在人才培养,人才培养的第一阵地在课堂。学校教育多数时间在教学上,学生以学为主。离开教学而谈教育改革,离开课程而谈人才培养,可说是不得要领。教育教学改革对大学的发展而言,具有全局、长远、根本的性质。如果我们再不在人才培养上下足功夫,规模的扩张就难以发挥其应有的效应,中国的高等教育就难以真正赶上世界的先进水平。

人才培养质量如何提高?教学怎么改革?推进通识教育,是我国部分大学近年来教育教学改革的一条基本路径。从世界范围看,通识教育有相当长的历史,在一些国家和地区,无论理论还是实践,都有不少有益的探索。在我国,事实上民国时期就有一批大学在某种程度上实行过通识教育。既然如此,为什么今天要作为深入推进教学改革的重大举措提出来?一则通识教育作为对计划经济时代形成的高度专门化教育的矫正,具有很强的现实针对性;二则通识教育作为正在发展着的一种内容载体或教育方式,它也是现代大学教育应对知识社会两种文化分裂的一种途径。由此可见,通识教育的推行,不是简单的拿来,不是单纯的复旧,而是在新的历史环境条件下的重新建构。所以,对于通识教育需要给予新的诠释,要赋予特定的意义。当然,更重要的是,必须认真探索适应每个大学人才培养目标定位的恰当内容和形式。北京大学的"元培计划"、浙江大学的竺可桢学院、复旦大学的复旦学院等等,都是开展通识教育的积极探索,各有千秋,互见特色。尽管当中存在这样那样的问题,但是价值追求的方向是值得肯定的,这就是一切为了使学生适应现代社会发展的多样性要求,一切为了满足社会对人才培养的多样性要求。

不管是否赞成通识教育,都要用积极的态度、负责的精神来对待教育教学改革,要站在历史发展的高度来审视人才培养。当今时代号称信息化时代,知识爆炸,学科高度分化、高度综合,新学科有数百种、大学课程可达上万门,如何提高学生获取知识、探索知识、创新知识的能力,是一个十分现实的问题。这就要求我们从整体、系统、相互关系的整体观、知识面、方法论来认识、解决问题。麻省理工学院维纳创立控制论、美国阿波罗工程成功,被认为是战后几十年来通识教育、一般系统论思想在理论与实践上的两大成功典型。它给我们的现实启示是,人才培养要不断创新,要符合现代知识发展的趋势。

成为创新型国家的坚强支柱

本刊评论员①

　　我国提出要在15年内建成创新型国家，这是全球化条件下参与国际竞争、激发民族生存能力的需要，是和谐发展、全面建设小康社会的需要。大学作为国家知识创新体系的重要支柱，在建设创新型国家中肩负着重要的历史使命。

　　知识创新不仅是一个国家对大学的要求，也是人类追求生存对大学的普遍期待。在人类历史的进程上，大学的知识创新推动了世界范围内生产力、生产方式、生活方式的转变。20世纪中叶以来影响世界的原始创新成果大都产生于大学。美国研究型大学的崛起为知识创新树立了典范。尤其是大学与工业的结合，使大学成为知识经济的龙头。大学知识的增长成为社会资源的再生地，成为人类生存与发展"无穷尽的边疆"。在我国，大

① 作者：熊庆年。文献来源：复旦教育论坛，2006，4(02)：1。

学在知识创新中起着举足轻重的作用。大学发表的 SCI 论文总数占全国的 3/4 以上,承担了全国 90% 以上的研究生培养任务,高校获得的国家自然科学基金也占到全国总数的 3/4 左右。特别是一些高水平大学,它们更是我国知识创新的核心力量。因此,在建设创新型国家的伟大进程中,大学必须走在前头,引领整个社会的知识创新。

建设创新型国家,提高知识创新能力和水平是大学发展的迫切任务,而完成这一任务不可缺少的前提是,大学自身要进行组织创新和制度创新。大学创新的重点是建立与创新相吻合的教育制度。大学不同于专门科研院所的一个重要方面,就是大学是人才培养之所。大学能不能将教育与科学研究紧密地结合在一起,能不能把最前沿的新知识和新挑战传递给未来的研究者,对未来国家的知识创新能力影响极大。20 世纪 50 年代,苏联卫星上天后,美国人把落后的责任归咎于教育,原哈佛大学校长科南特说,苏联在技术上的突破,正是因为苏联建立了能够增强苏联技术优势所需要的教育制度。德国在历史上处于经济、政治、文化的中心,也是因为洪堡建立了新型的教育与科研相结合的制度。于是才有了黑格尔、马克思、费希特等一批社会科学巨擘诞生。我国知识创新能力不强的一个重要原因就是,大学的人才培养制度落后,现在到了必须改革的时候。

大学的组织创新和制度创新的一个难点,是要解决制约学术发展的体制机制问题。现代科学和技术发展的一个重要特征是,需要多学科综合,需要团队攻关。而我们现行的体制和机制还有许多不尽人意的地方。尽管近年来在高等教育管理体制和大学运行机制上有了许多重大的改革，但是，对根本性的、深层次的问题触及并不很多。所以，不能很好地吸引国际一流的科技拔尖人才、国际级科学大师和科技领军人物，已经引进的人才也不能充分发挥作用。大学要更好地吸引人才，最大限度激发科研人员创新的激情和活力，提高创新效率，就必须破除积弊，创新制度，形成有利于优秀人才脱颖而出的体制机制。

大学自身的创新从根本上讲是进行大学文化的创新。大学的文化决定了大学的组织行为，决定了大学的精神面貌，决定了大学的学术生态。历史上最著名的科学家牛顿，在早年就有了影响世界进程的重大发明，但是在后来的几十年中，并没有研究出什么，关键在于他的思想束缚在宗教的观念中，崇信上帝使他的创新精神陷入迷途。这就是文化的局限。在中国的教育文化中，或者说在中国大学的文化中，有很多不利于创新的东西。不去除这些精神糟粕，就很难真正解放知识生产力。当然，大学文化的创新是更为深刻的"革命"，绝非一时之功可就，需要长期的不懈努力。要倡导创新精神，大力提倡敢为人先、敢冒风险的精神、勇于竞争和宽容失败的精神，努力营造不拘一格选人才、不拘一格育人才，百花齐放、百家争鸣的学术氛围。

攻坚莫畏难

本刊评论员[①]

复旦大学和上海交通大学自主招生选拔录取改革试验，从2月27日消息发布到4月15日预录取名单公布，历时一个半月。媒体连篇累牍全程报道，各种议论纷至沓来，引起社会舆论高度关注，至今涟漪跌宕、余波不息。如此反响，大概是两所大学的人们所始料未及的。细细想来，又在情理之中。因为这次改革不仅触及了高考招生制度的核心问题，而且触及了教育事业发展的许多深层次矛盾；不仅触及高等学校的办学自主性，而且触及教育权利的公平、公正；不仅触及教育公共政策的变革，而且触及政府教育公共管理的模式和行为变革。有人称这次改革是破冰之旅，有人说这次改革是攻坚之役，无非是强调其意义之重、施措之难。然而，奋勇前行，万众瞩目，不亦壮哉！不亦

---

① 作者：熊庆年。文献来源：复旦教育论坛，2006，4(03)：1。

快哉！

以改革求发展，以发展促改革，这是近三十年来建设有中国特色社会主义的基本经验，也是我国高等教育事业不断发展的根本动力所在。没有20多年坚持不懈的教育教学改革，就不可能冲破高度专业化的人才培养模式，就不会有大批适应科学和社会发展要求的人才涌现；没有10多年来教育管理体制的改革，就不可能改变计划经济体制下形成的"一包二统"的局面，就不会有高等学校整体规模效益的提高，就不会有大学自主办学能力的增强；没有1998年以来的持续扩招，就不会有民众受高等教育机会的大幅增加，就不会有高等学校多元化发展的格局形成。中国高等教育的迅猛发展，是不断深化改革的结果，是不断克服前进中困难的结果。高考制度从1977年恢复以来就处在不断改革的过程中，正是由于坚持不懈的变革与探索，才会有现在多样化的局面，才会有今天新的突破。

现在，我国已经成为世界高等教育的大国，高等教育的发展面临着更为巨大的压力和挑战、更为错综复杂的矛盾和问题。我们应当用改革的精神去迎接压力和挑战，用改革的办法去解决前进中的矛盾和问题。高考招生制度同样如此，面对重重的难题，坚持改革是唯一可选择的道路。当然，改革是有风险的，但不改革就不可能解决矛盾，就不可能有发展。要谋求发展，就要敢于冒风险。人们常常把走在改革前列的人称作"第一个吃螃蟹的人"，赞赏的是他们大无畏的勇气。复旦、交大进行招生自主选拔录取改革，就是要做"第一个吃螃蟹的人"！

敢闯敢干并不是说要蛮干，改革需要充分的调查研究，需要把准恰当时机和具备一定的环境条件。改革越是深入,往往阻力越大,越需要科学的态度和策略、智慧。改革意味着利益的调整,尤其像高考制度这样的改革,牵涉到千家万户的利益,牵涉到广大考生的权利,需慎之又慎。不以一卷定终身,合理科学地选拔,扩大了考生自主选择的机会,有利于促进教育公平,有利于素质教育的推行。在高等教育大众化继续推进,高等教育多元化格局逐步形成,社会公平意识、权利意识增强,高等学校自主办学能力提高,高等教育公共管理转型的条件下,把高考制度改革深入推进一步,是完全必要的,也是可行的。在现实环境下,进行这项改革显然要付出较高的成本和代价,但是为了社会整体的更大利益和长远利益,复旦和交大舍得花成本,愿意付代价。

改革会有风险,会走弯路,甚至可能会失败,改革就某种意义来说就是试错的过程。对改革需要宽容,要促进其完善,也要允许失败。不断总结经验,认真反思问题,是必要的。但我们应当坚定信念,矢志不渝搞改革,前途一定是光明的。

倾心关注　大有作为

本刊评论员①

推进社会主义新农村建设,这是党的十六届五中全会作出的重要决策。新农村建设对于高等教育来说意味着什么? 高等教育如何为新农村建设出力? 这是一个时期来一直萦绕在我们心头的问题。几个月前我们就在组织稿件,试图对这些问题有所回答。但是,计划的实施并不顺利。本期能刊发几篇稿件,颇为不易。笔者查考了有关高等教育的研究文献,从 1994 年至今,中国学术期刊网"高等教育"标目之下,记录文献达 217232 篇,而题目中有"农村"字样的文章 250 篇,占千分之一。如果把关键词、摘要中出现"农村"字样的文章都加上,也不过 1106 篇,占千分之五。这说明了什么? 是高等教育发展与新农村建设关系不大,或者研究者对新农村建设关注不够,或者是其他? 值得好好

---

① 作者:熊庆年。文献来源:复旦教育论坛,2006,4(04):1。

琢磨琢磨。

　　高等教育是现代社会的轴心，已经成为不可否认事实。然而我们千万不要以为，高等教育现代社会轴心的作用只发生在城市，其实它同样发生在农村。只要看看世界上现代高效农业发达的国家，无不以发达的农村高等教育为基础。在美国，25岁以上的农民中，有17%的人完成了高等教育。在以色列，47%的农民达到大学以上文化程度。尤其值得一提的是荷兰，人口不过1550万，人均耕地1.3亩，农业劳动力仅占总劳动力人数的5%，但它却是名列世界第三的农产品出口国。奇迹是怎样发生的？发达的农业教育体系以及由此培养出来的高素质的农民，对农业的成功起到了核心作用。荷兰农民多数具有大学本科以上学历，双学位或硕士、博士不乏其人。高水准、普及性的农业人才培养与发达的市场机制、适度的经营规模和灵活的生产方式，造就了荷兰高效农业的奇迹。我国农村人口占总人口的60%，农村劳动力人口中受过大专以上教育的不足1%。试想，假如中国农村高等教育能够达到上述国家的水准，那该释放出多么巨大的社会能量。

　　人才培养、科学研究、社会服务是现代大学的基本功能，这早已是社会的共识。社会服务包括知识创新、知识传播、知识的应用，即大学的知识活动与社会现实需要紧密联系。然而，我们千万不要以为，为社会服务只能在城市。追溯大学社会服务思想的滥觞，其实就源自于大学与农村发展的结合。人们熟知美国的威斯康辛思想，它的首倡者查里斯·范海斯认为，"靴子上沾满牛粪"的教授是更好的教师，威斯康辛大学要把整个州作为大学校园。他推动"威斯康辛计划"的实施,使得以农牧业为主的威斯康辛州经济迅速起飞,尤其是牛奶业发展极为迅速。"奶牛是高等教育的许多副产品之一,因为大学挽救了牛奶工业,大大提高了其效率"。而威斯康辛大学则在为本州的服务中,发展了自身,其畜牧科学、生物科学和细菌科学很快居于全美领先地位。至今,威斯康辛大学仍然是美国优秀的研究型大学之一,其精神则成为美国高等教育的优良传统。试想,如果中国的大学真正能有威斯康辛的精神,如果能多出几个像"杂交水稻之父"袁隆平这样的知识分子,社会主义新农村一定不会离我们太远。

高等教育通向农村也好,大学为农村服务也好,都是一个系统工程,需要很好地探索。在世界高等教育史上,类似的探索并不都是成功的。正因为如此,更需要我们以批判的精神、科学的态度去对待,要立足于中国的现实土壤,不懈地探索,不断地创新。建设社会主义新农村是我国现代化进程中的重大历史任务,我们有责任、有义务去为之努力奋斗。新农村建设是一个广阔的天地,在那里我们可以大有作为。

善战者谋于势

本刊评论员①

　　一个月前,第三届中外大学校长论坛在上海举行。来自 11 个国家以及中国内地和香港特区的 100 多名大学校长,围绕"大学创新与服务"进行了交流。这一杏坛盛事引起了社会的广泛关注,话题之广、热议之炽,皆前两届论坛所未见。有记者报道,不少与会的校长对这次论坛的感觉是:"我们进步了!"前两届论坛中国的校长更多的是倾听、提问,向外国校长请教、学习,这届论坛则更多的是对话、交流。我们感到,中国大学校长的"进步",实际是中国高等教育的"进步",这种"进步"不只是在于校长们有底气与世界"对话",而更在于对高等教育发展大势的把握。参加论坛的美国斯坦福大学校长约翰·亨尼斯看得很明白,他认为:论坛的主题与中国提出的建立创新型国家的目标相

<hr />

① 作者:熊庆年。文献来源:复旦教育论坛,2006,4(05):1。

吻合,是中国政府明智的战略考虑;同时创新也是世界各国高等教育面临的共同问题,具有普遍性和探讨价值。

孙子云:"善战者谋于势。"所谓"势",是事物发展的运动状态,是力量的聚集和趋向。审时度势是克敌制胜的基础,所以需要深谋远虑,运筹帷幄。其实何止军事,凡事皆然。纵观高等教育发展的历史,我们不难看到,那些察势而动、顺势而进、用势而立者,方能得风气之先,创知识之新,建名世之业。请举一例为证。20 世纪 30 年代,美国麻省理工学院还是一所工学院,院长康普顿敏锐地看到,科学和技术、纯理论研究和应用研究的联系日益明显,纯理论研究和应用研究是使经济增长和提高经济效率的基础和手段,科学及技术的应用必须以基础理论知识的持续进展为基础。学校果断地决策,向理工学院转型,加强了理科、理工结合,顺应了知识发展的要求,为学院在二战期间的一系列杰出创造准备了条件。二战以后,知识发展酝酿新的范式和突破。1967 年就任麻省理工学院院长的约翰逊看到,"MIT 将来要研究的问题,总的说来会越来越转向那些将要影响我们生活方式的问题"。他们超前地开展研究,因而使得 MIT 在不少领域世界领先。比如生物技术,他们比别人更早地认识到它在未来发展中的重要性,跨学科地组织了一系列团队,进行原创性研究,所以走在了生物工程知识创新的前列。MIT 正是凭借着一代又一代校长的卓越识见,在一个又一个发展的交叉路口,因势利导,正确选择,从而由一所极普通的学院发展成为世界一流的研究型大学。

谋于势者必先洞察,势在多端,察之须精。势有宽窄,如考察当今高等教育发展之势，就不能不知晓世界高等教育发展之潮流，不能不了解国家高等教育发展之状况，也不能不了解区域高等教育之左右。势有内外，考察教育当然得知教育自身之势，但就教育识教育，可能会只知其一，不知其二，须于教育之外看教育，把握国家和社会的政治、经济、文化发展的整体态势，才能真正知晓大学通达之道。势有时变，高等教育发展有其自身的历史阶段性，大众化阶段若作精英阶段教育之观，不免以为"礼崩乐坏"，若作普通阶段之观，不免妄意"乌托邦"。势有地宜，他国之经验、他省之优胜、他校之卓越，各有其地利，不可不见。邯郸学步，削足适履，均难有成就。势有人事，人和万事兴。大师之造，不可强为，必顺其性，沃其土，得其骨，风其气，势自生焉。势有自他，一所大学有一所大学之势，知己知彼，百战不殆。而察势至难在于察己，未有自知之明，所谓察势，不过作疏阔之论而已，于事无成。

今年，是"十一五"的开局之年，谋于先，预于前，我们就能把握发展的机遇，成就新的业绩。期待中国的大学校长更加"进步"，更加多谋善断，期待中国高等教育事业更加健康发展，更加能与世界平等"对话"！

和谐社会之基

本刊评论员[①]

科学发展、和谐发展，已经成为我国自上而下的社会共识，这是全面建设小康社会的观念基础。中共中央《关于构建社会主义和谐社会若干重大问题的决定》，充分反映了社会各阶层民众的美好愿望，代表了广大人民的根本利益。我们欣喜地看到，在构建和谐社会的宏伟蓝图中，教育和谐发展受到高度重视，令人十分鼓舞。

社会和谐首在每个社会成员的权利得到尊重。受教育权是基本的人权，《联合国宪章》《世界人权宣言》明确标示："人人都有受教育的权利"，"高等教育应根据成绩对一切人平等开放"。进入21世纪，高等教育在知识社会的重要性，使得人们对平等接受高等教育的权利更加重视。《21世纪的高等教育：展望和行

---

① 作者：熊庆年。文献来源：复旦教育论坛，2006，4(06)：1。

动世界宣言》强调："任何人不得因其种族、性别、语言、宗教，也不得因其经济、文化或社会差别或身体残疾而被拒绝接受高等教育。"能否使人人都享有接受高等教育的均等机会，是一个社会是否和谐的基本尺度。

教育本质上是人类自身的再生产，它是社会文明进步的源泉。教育不仅生产出符合社会要求的劳动者，而且生产出特定的社会结构和关系。教育是社会经济增长、民主和法制、文化繁荣和可持续发展的根本支柱。教育的和谐发展，有利于社会各项事业的和谐发展，有利于社会的文明进步。高等教育作为知识分子的再生产，不仅要培养高层次人才，而且要创新知识，为未来社会奠基。高等教育事业的和谐发展，更直接关系到民族创新能力的提高和国家综合实力的提升。因此，教育的和谐发展能够为社会各方面的和谐发展提供条件，高等教育的和谐发展能够有力地促进社会全面、持久的和谐发展。

改革开放以来，尤其是近 8 年，我国的高等教育事业迅速发展。1978 年，全国高校在校生不过 86 万，高等教育毛入学率仅为 1.56%。到 1998 年，全国高校在校生达到 650 万，高等教育毛入学率上升为 7%。而 2005 年，在校生数达到 2300 多万，毛入学率更是达到了 21%，跨过了高等教育的"大众化"的门槛。但是我们不能不看到，人们上大学的机会大大增加了，老百姓的不满和社会批评却越来越多；高等教育总量大大扩张了，教育品质和学术生产能力却屡遭质疑。科学发展、和谐发展，既是当前中国社会发展的重大主题，也是高等教育事业发展迫切需要解决的重大现实问题。

教育是社会的公共事业，发展教育是国家和政府的基本责任。教育是否能够和谐发展，主要取决于教育制度的合理性和教育政策的合法性、适切性及有效性。我们认为，教育投入不足是导致当前教育发展不够和谐的主要原因之一。早在 20 世纪 80 年代，《教育改革发展纲要》就提出教育投入应占 GDP 的 4%，达到世界平均水平。20 多年过去了，这个目标至今未能达到。问题的根源在于，我们还没有建立起合理有效的国家公共财政体制，教育投入得不到制度保障。而教育公共管理中政策过程缺乏民主性和科学性，使教育政策出现价值的偏差，有限的资源没有能够得到恰当的配置，政策的失效乃至负效应不能得到及时的修正。政府、社会与大学之间的关系不顺，高等学校自主办学得不到应有的尊重，也使政策的效应受到影响。因此，进一步深入进行教育制度改革是教育和谐发展的前提。

党的十六届六中全会提出，"坚持教育优先发展，促进教育公平"，要"明确各级政府提供教育公共服务的职责，保证财政性教育经费增长幅度明显高于财政经常性收入增长幅度，逐步使财政性教育经费占国内生产总值的比例达到 4%"。我们有足够的理由相信，随着民主法制建设的加强，教育和谐发展会得到有力的制度保障和有效的政策支持，我国的教育事业一定会成为和谐社会的坚强基石。

春风化雨润神州

庆　年①

　　2006 年下半年来，一系列党和国家领导人对教育问题关注的信息，让我们感到兴奋。8 月 29 日，中央政治局第三十四次集体学习，主题是教育发展问题，胡锦涛总书记作重要讲话。9 月 1 日至 2 日，温家宝总理出席全国农村综合改革工作会议并发表重要讲话。教师节前夕，胡锦涛总书记给北京大学孟二冬教授女儿的信发表，温家宝总理到北京市黄城根小学看望师生并和学生一起上课。7 月至 11 月，温家宝总理在北京中南海先后主持召开四次教育工作座谈会。党和政府最高领导人如此密集地就教育问题投以关注，改革开放以来并不多见。这分明是一个信号：我国教育正在酝酿新的发展和变革。

　　本世纪前 20 年是我国科技发展和经济社会发展的双重战略

---

① 作者：熊庆年。文献来源：复旦教育论坛，2007,5(01)：1。

机遇期,能否把握住战略机遇,关键在人才,基础在教育。所以,坚持把教育摆在优先发展的战略位置,成为总书记和总理反复强调的重点。能不能真正把教育摆在优先发展的战略位置,实际上是对各级政府能否坚持科学发展观的一个考验。在现实生活中,我们不难看到,教育常常是讲起来重要,做起来次要。为什么会这样? 很显然,GDP是硬的,是看得见摸得着的,搞上去了,就会出政绩;而教育是软的,百年树人,何当眼前。中共十六届六中全会的决定,把教育发展列为构建和谐社会的若干重大问题之一,这充分显示了党中央优先发展教育的决心,更为各级政府作出了垂范。

新加坡资政李光耀不久前多次提到,中国后一步发展要十分重视"软实力",耐人寻味。他所谓的"软实力"主要是指文化,而教育与文化密不可分。在新的历史条件下,教育如何成为国家"软实力"的增强剂,教育自身的"软实力"如何增强,都是我们必须认真研究的。应当客观地看到,尽管科教兴国战略的实施会大大改善教育发展的环境和条件,但是在相当一个时期内,"穷国办大教育"的局面不会有根本的改变;尽管社会受教育水平大大提高了,但是教育供给与人民需求之间的各种矛盾仍然存在,某些方面还相当突出;尽管推进素质教育已经成为社会共识,但是要在实践中得到真正贯彻还需要付出艰苦的努力,人的全面发展、创新人才的培养还需要下大力气探索……总之,我们面临种种的困难与挑战,会越来越触及更为深层次的问题。要使教育改革顺利、发展健康,就必须遵循教育自身发展的规律性,而遵循规律的前提是认识规律。

　　与社会其他事业相比,教育的复杂性是特别显著的,因为它的对象是一个个活生生的有差别的人,每个人的成长都是独特的过程,而现代知识的迅速发展、社会生活的变化则更给教育活动增添了许多复杂性因素。从宏观社会结构的角度看,教育与社会政治、经济、文化交织错综,也与每一个家庭的生活息息相关,是一个非常复杂的系统。正因为如此,认识教育发展的规律需要下大功夫,需要花大力气,有一个不断认识的过程。切忌头脑发热,切忌简单从事。教育活动具有很强的社会实践性,因此要特别强调从实际出发。如果我们的各级领导都能像胡锦涛总书记和温家宝总理那样,把专家奉为座上宾,自己坐进课堂,何愁有解不开的结。如果我们的教育工作者、教育研究者都能像孟二冬、霍懋征老师那样,把心掏给学生,将理想融进实践,何愁有攻克不了的难关。

　　新年伊始,万物聿兴。我们期待这一个又一个的好消息,若春风化雨滋润神州大地,蕴育出一个繁花似锦的教育未来。

一项重要的战略举措

庆　年[①]

今年1月，教育部、财政部决定实施"高等学校本科教学质量与教学改革工程"。这是贯彻党和政府把高等教育的重点放在提高质量上重要决策的具体举措，具有十分重要的战略意义。

我国高等教育2003年跨过了大众化门槛，在规模快速扩张的同时，高等教育的体系、制度、结构、类型、培养模式、教育内容与方法等方面不相适应的矛盾也越来越突出。其实许多国家在高等教育大众化过程中，都面临过类似的情况。世界高等教育发展的经验告诉我们，质量是保证高等教育大众化健康发展的关键。如果不能及时地解决新形势下的种种矛盾，就会影响高等教育的可持续发展。去年，国务院决定放缓高等教育规模发展的速度，把高等教育发展的重点转移到提高质量上，符合高等

① 作者：熊庆年。文献来源：复旦教育论坛，2007,5(02)：1。

教育发展的客观规律。

在高等教育大众化阶段，高等教育的目标和社会特性都会发生变化，它不再是精英教育阶段少数人的专有品，而更具有社会公共性。广大人民群众对高等教育的关注与日俱增，人们不仅要求上得了大学，而且要求上得起大学；不仅要求上好的大学，而且要求上适合个体发展的大学；不仅要求能够完成大学学业，而且要求能够顺利就业、就好业。满足人民群众日益增长的需求，是社会主义高等教育事业发展的基本宗旨。高等教育的发展要让人民满意，就必须努力提高高等教育的质量。

从国家发展的角度看，高等教育大众化是社会现代化发展的必要条件，高等教育大众化的质量水平，可以说在某种程度上决定着一个社会现代化发展的水平。尤其在知识经济时代，知识创新能力成为国家发展的核心竞争力，社会发展对高素质人力资源的依赖增强，对高等教育的质量要求提高。我国正处于现代化发展的进程中，高层次、高素质的人力资源仍然是社会的稀缺资源，紧跟知识经济时代的发展，建设创新型国家，就必须有高质量的高等教育，培养出千千万万有创新能力的高层次人才。

科学发展、和谐发展，是当今中国社会发展的主题，教育和谐发展是社会和谐发展的基础，高等教育的和谐发展则是教育和谐发展的重要构成。高等教育的和谐发展是公平和效率的统一，是品质和效益的统一，是多元和特色的统一，它们最终都要落脚到高质量上。没有高等教育的高质量，高等教育的和谐发展也就无从谈起。

从高等学校的角度看,提高质量也是当前现实的紧迫要求。在经历了高等教育大众化进程中的分化、组合之后,我国高等学校的系统结构发生了很大变化,在新的发展格局中,每个学校都在寻求着战略的重新定位。一段时期以来,各高等院校都把相当的注意力投入外延拓展。在新的竞争环境条件下,现在有越来越多的高等院校意识到,要走内涵发展的道路,内涵才是一所学校竞争力强弱之真正所在。内涵发展靠什么?靠质量。只有各要素质量的不断提高,才会有内涵的丰富和充盈。

大学本科教育是大学教育的母体,本科教育总是最能体现大学教育的特色。本科教育的质量几乎就代表了大学的教育质量,好的大学无不以高质量的本科教育吸引莘莘学子,世界一流大学无不以其响当当的本科品牌而傲世。因此,从抓本科教育质量入手,带动整体办学质量的提高,具有基础性、全局性、战略性。我们抓住了本科教育质量这个"牛鼻子",就能牵动学校内涵的发展,就能提升整体的高等教育质量水平,就会有人民满意的高等教育,就会有和谐发展的高等教育。

直面新的挑战

庆　年[①]

　　教育似乎越来越处于舆论的漩涡之中,今年"两会"期间,教育问题被视为第一关注焦点。而高等教育更是处在"风口浪尖",不时会有各种爆料,引发人们的"口诛笔伐"。最引起舆论关注的,莫过于高校负债经营的新闻。某大学负债 30 亿,72 所直属高等院校平均负债 5 亿元,全国高校共贷款 2800 亿……一时议论纷纷,责难四起,"高校破产论"屡屡见诸媒体。

　　舆论监督是现代政治文明的体现,是公共领域社会问责的一种形式。舆论对高等教育事业的关注,显示了当前高等教育在公共领域中的重要性,也折射出高等教育改革与发展遭遇的突出矛盾和问题。舆论是风向标,可以引起人们的重视,激发对问题的深入思考,但舆论本身并不能代替问题的研究。问题的

① 作者:熊庆年。文献来源:复旦教育论坛,2007,5(03):1。

研究需要在科学的基础上，客观地分析，理性地审视，实事求是地进行探索。本刊这期发表了两篇有关高校负债风险问题研究的文章，不是要追风，而是期待引起学者们的进一步思考，从学术上探索解决高校负债风险问题的思路。

当前高校负债风险问题，不过是高等教育改革和发展中错综复杂矛盾运动的一种反映，研究这些问题我们不能脱离特定历史和环境，孤立地就事论事，静止地进行国际比较，那样就难以抓住问题的本质。照笔者看来，分析这些矛盾至少有两个观察的视角不可缺少。一是社会发展的制度变迁，一是高等教育发展的阶段性。

目前我国仍然处在社会转型过程之中，这是基本的客观事实。转型社会的一个典型特征是二元共存，旧观念与新观念、旧体制和新体制、旧的行为方式与新的行为方式等等，它们同时存在，并不断发生矛盾和冲突。如果处理不善，就可能导致改革的成本增加，改革的效率递减。站在更加广阔的社会背景下来看教育的改革和发展，我们就会清楚地观察到许多问题的产生都是与此相关的。就拿近来人们对高校负债会不会导致"破产"的议论来说，实际上这个现象牵涉到高等教育举办者与办学者的权力、权利和责任问题，牵涉到公办高校的财产属性问题，牵涉到公办学校法人的性质与行为能力问题，牵涉到高等教育公共事务和管理的边界问题，牵涉到高等教育发展中市场机制的作用问题。诸如此类，如果我们不是站在特定的情境之中，不从深层的矛盾分析入手，分析恐怕就无法深中肯綮。仅仅用企业经营分析或是行政控制分析的方法来立论，无论说"会破产"还是说"不会破产"，都难以令人信服。

　　我国高等教育在跨入大众化门槛后，可以说进入了一个新的发展阶段。一些高等教育大众化先行国的经验告诉我们，在这个发展阶段，高等教育必然走向多元分化，系统会变得更加复杂，运行机制的影响要素会多样，规模扩张与资源相对不足会形成更加紧张的关系，竞争性会大大增强。我国高等教育大众化进程十分迅猛，各方面的矛盾也就表现得特别尖锐。这些矛盾与社会转型的矛盾交织在一起，给改革与发展带来了许多不确定性。很显然，高校负债风险问题，不是一个单纯的经营问题，也不是一般的管理问题、法律问题，更不是一个简单技术问题，没有现成的可借鉴的解决方案。贸然作出应当这样、不能那样的判断，恐怕是轻率的、非理性的。

　　关注社会现实，贴近改革与发展实践，紧紧抓住重大主题开展研究，是我们的社会责任。坚持实事求是的科学精神，脚踏实地，不懈求索，努力创新，是我们的学术准则。只有这样，我们才能真正为高等教育的改革与发展事业贡献出智慧。关于高校负债风险问题的讨论，本刊还只是一个开端，我们希望持续深入下去，欢迎各方贤达赐稿，踊跃开展争鸣。

仰望天空　大步向前

庆　年[①]

　　温家宝总理 5 月 14 日在同济大学的即席讲话,在大学校园中激起了不小的波澜。不用讲稿,没有套话,让师生们感到亲切。拳拳之诚,款款之情,更让大家为之振奋。不言而喻,总理的讲话不只是表达了对百年同济的祝愿,更是表达了对中国所有大学的期望。

　　大学的社会功能和作用,是温总理讲话立论的基点。他从中外高等教育的历史发展中,看出"大学的生命在于它的日新之德",得出"大学在培养和造就国家栋梁人才中都起过重大作用"的结论,进而阐释了现代大学对国家的意义,认为国家发展所依赖的三个方面,"都离不开人、人才,离不开现代大学的培养"。作为一名政治家、一位政府首脑,其大学价值观是施政决策的重

① 作者:熊庆年。文献来源:复旦教育论坛,2007,5(04):1。

要观念基础,必然影响高等教育公共政策的走向。仔细解读总理讲话的意蕴,不难看出,它超越了短视的政治功利主义,而着眼于社会政治、经济和文化持续发展的核心功用,立足于以人为本的治国理念,富于理性和智慧。正因为如此,我们有理由对当今我国高等教育事业的健康发展充满信心。

　　培养什么人,造就什么样的人才,是大学最根本的问题。在社会现代化进程中,在社会转型的矛盾冲突中,大学教育目标的迷失是极易发生的。社会经济快速发展引起的对知识、人才的急切需求,社会利益格局迅速变化导致的价值饥渴,社会观念形态的即时变异带来的文化短视,都会对大学的人才培养造成深刻的影响,对此我们应当有清醒的头脑,应当在本质上坚守大学的使命,而不应当随波逐流,因现实的利益而放弃大学的理想。大学代表着价值的追求,所以,"大学出来的人,应该是关心国家命运的人,而不是自私自利的人"。大学代表着社会的理性,所以,"我们培养的人,应该是全面的、具有综合素质的人"。大学是涵养智慧之所,所以,"学习理工科的,也要学习人文科学,学习文学和艺术。同样,学习人文科学和文学艺术的,也要学习自然科学"。大学是知识创新之地,所以,"无论什么样的大学,都要有专业性,特别是要有自己杰出的专业、杰出的老师和杰出的人才,学术上有自己的一席之地。"温总理的讲话有极强的现实针对性,值得我们反复咀嚼。

　　我国的高等教育已经跨入了大众化阶段,进入了一个崭新的发展时期。由于历史和现实的种种原因,当今我们的大学教育还存在诸多弊端,还不能完全适应未来社会发展的要求。在快速发展、规模巨大、资源短缺的条件下，各种矛盾特别突出、容易激化。面对前进中的问题和困难，我们要有坚定的信念，高度的社会责任感，不断加深对大学本质的理解，不断厘清对人才成长规律的认识，不断端正教育思想观念，真正改变人才培养的内涵和模式，使之适应未来社会发展的需要。当下最重要的是，要努力摆脱追逐现实功利环境的消极影响，培育符合 21 世纪教育理念的大学精神。温总理在讲话中引用哲言，希望学子们能够仰望天空、关注未来，可谓精辟，可谓高屋建瓴。仰望天空，实际上是一种精神境界，它意味着博大的胸襟、高远的追求，意味着独立的自由意志、深切的人文关怀，意味着广阔的视野、无限的遐思，意味着美妙的奇想、喷涌的创造力。如果我们的大学充盈着这种精神，一定会生机盎然，充满活力，引领社会。

仰望天空，坚定理想，大学的未来就有希望，国家和民族的未来就有希望。在理想之光的照耀下，只要脚踏实地、勇于探索、锐意改革、大步向前，我们就一定能够走出中国式的大学发展之路。中国的大地上就一定能够涌现一大批为国家和民族的、有创造力的、富有特色和个性的大学，就能够培养出千千万万能支撑起国家和民族美好未来的杰出人才。

内涵发展是真功夫

庆　年①

　　"985 工程"从开始实施到现在,已经整 10 个年头了。工程实施的成效如何? 还存在什么问题? 要不要继续建设? 如果要继续建设,当如何推进? 在闭幕不久的第五届一流大学建设研讨会上,"985 工程"首批 9 所大学的校长、管理者和学者聚首哈尔滨,进行了务实的研讨。在这次会议上,有一个词出现的频率特别高,这就是"文化"。人们不约而同地谈到,要大力推进文化建设,在内涵发展上下功夫。

　　从统计数字所显示的情况看,"985 工程"建设的成就的确是令人鼓舞的。经过 10 年建设,进入"985 工程"的大学无论队伍状况、设施条件,还是学科建设、人才培养、科研能力和水平,都今非昔比。可以肯定地说,这些大学与世界一流大学的差距在

---

① 作者:熊庆年。文献来源:复旦教育论坛,2007,5(05):1。

缩小。然而，不能不看到，在建设一流大学的道路上，我们还有很长的路要走。清华大学最近将自己与美国麻省理工学院10年的发展状况作了深入的比较，发现在一些主要数量指标上清华与麻省理工差距已经不大，个别指标甚至还超过了麻省理工，但是在质量上比较起来，显然还有不小的距离。有一位清华同仁说得好，我们的确与世界一流大学有那么一点像了，不过这只是形似，还不是神似，就像乡下人刚进城，穿上了时尚的外衣，有了城里人的样子，缺少的是城里人的精、气、神。此言诚哉！学习先进，何尝不像赶时尚，总是先得模仿，有点样子，再去体悟其气质，彰显自己的个性。这就是文化的力量，文以化之，方成优雅。

文化从本质上是内涵性的。人们通常把文化分为器物、制度、精神三个层次，由表及里，由浅至深，由外及内，由显至隐，越往深里，越及核心，越具内涵性，功能也越强。大学的文化同样如此，哈佛之所以为哈佛，牛津之所以为牛津，各以其理念之追求、制度之适恰而倍其功，各以其鲜明之个性、独具之特色而显其神。我们与世界一流大学的差距越往深里距离越大。人们已经深刻地意识到，建设世界一流大学，需要进一步突破极端功利主义价值观的束缚，摈弃根深蒂固的"官本位"文化，构建符合现代社会知识生产要求的学术制度，建设根基于大学本质又适应时代变革要求的现代大学制度。内涵建设就是要着眼这些大学发展的根本，立足于有益学术发展和创新人才成长的文化形成。

有人说文化是软实力。所谓"软"，是因为它不能像"我们离世界一流大学有多远"的排行那样数字化。所谓"软"，是因为它不能够立竿见影出效果，需要打持久战。所谓"软"，是因为它最为普通，最为平常，缺乏显示度。比如人才培养，教育教学的效果可能是三年五载也看不出来的，要不要花力气，要不要投资源，要不要搞改革，这就要看大学的定力，看它的价值追求，看它的文化滋养。哈佛大学为什么能够成为一流，我们只要看看二战后半个多世纪来他们在通识教育上所作的巨大努力就会明白。没有"与柏拉图为友，与亚里士多德为友，更要与真理为友"的坚定信念，就不会有一次又一次的本科教育改革。没有这一次又一次的深度改革，哈佛大学也不会成为领袖人才的摇篮。内涵发展其实并不深奥，也不复杂，就是要在根本事情上花工夫，在长远问题上用力气。古人云："真积力久则入。"内涵建设需要的就是这样持久积力的功夫。

内涵发展也好，文化建设也好，在我国高等教育改革中早已经不是新鲜话语，然而在实践中往往是大而化之，难见动真格的。这是因为我们对已有的文化习以为常，习以为常最容易视而不见，习以为常的东西最不易改变。所以，内涵建设需要抓住日常的点点滴滴，扎扎实实地做足工夫，坚持不懈地做下去。制度不是空洞的原则，理念也不是虚幻的标榜，而是见诸日常行为之中的。提升软实力，须下硬功夫、真功夫。如果我们下了硬功夫、真功夫，何须天天念叨一流有多远！

生民之幸

庆　年[①]

　　中国特色社会主义事业总体布局由经济建设、政治建设、文化建设"三位一体"拓展为包括社会建设在内的"四位一体",是胡锦涛总书记"十七大"报告的一个新提法。而优先发展教育,建设人力资源强国,成为改善民生为重点的社会建设的首要内容,这让我们深切地感受到"发展中国特色社会主义"新理念有着实实在在的社会现实基础。把教育事业与民生发展联系起来,无论在理论上还是在实践上,都有着十分重要的意义,其丰富的内涵值得我们去深思、去体味。

　　以教育为民生之重,表明了主流意识形态中教育理念的一个重大转变。教育在现代社会发展中有着越来越重要的价值,这是毫无疑义的。然而,教育的价值具有双重性,教育既可以满

---

① 作者:熊庆年。文献来源:复旦教育论坛,2007,5(06):1。

足社会整体对人的发展要求,也可以满足社会成员个体对自身发展的要求。教育的目的性包含着社会价值和个人价值两个基本方面。人类有史以来的教育活动都是围绕着追求和实现这两种价值展开的。如何对待两者之间的关系,向来存在着不同的观念,社会本位论和个人本位论的矛盾乃至冲突客观存在。主流意识形态的教育价值取向决定着一个国家教育发展的基本面貌和态势。长期以来,社会本位的教育价值取向在我国社会的主流意识形态中占着主导地位,这有其历史的必然性和合理性。作为一个后发展中国家,教育的发展对社会进步、民族振兴具有特别重要的意义。但是,我们在强调教育的社会价值的同时,却往往忽视教育的个人价值,甚至有些时候把教育的社会价值强调到不恰当的地步,导致极端社会功利主义的教育思想泛滥。改革开放以后,教育的个人价值逐渐得到承认,近年来满足老百姓的教育需求成为教育公共政策的一个出发点,这是一个很大的进步。"十七大"报告把教育视为改善民生的重要方面,更是认识上的巨大飞跃。它标志着在主流意识形态中,教育社会价值和个人价值和谐协调的理念得以确立,必将对我国教育事业的发展产生深刻而长远的影响。

以教育为民生之重,确立了我国教育改革和发展的大方向、大思路。"十七大"报告明确提出要"坚持教育的公益性",这是以民生为本建设小康社会的必然要求。所谓教育的公益性,是指教育活动应当尊重社会全体成员的共同利益,其内涵包括:教育是一项涉及社会公共根本利益的社会性事业;教育应当是非营利性的,主要由国家提供,教育事业应该由社会共同承担、共同管理、共同监督；所有公民都有平等接受教育的权利；教育活动应该遵循公平原则。教育公益性的核心在于维护教育公平。我国教育事业近年来快速发展，教育的社会总供给大大增加，人民群众受教育的机会和受教育的程度都远胜以往。但是不能不看到，教育事业发展中存在着诸多不和谐之处。由于教育财政投入长期不足，教育资源配置不均衡，教育机会不均等和教育的过度"产业化"等等，导致了教育公平的缺失，引起了社会弱势群体的不满。这些不和谐的根源就在于教育的公平性没有得到充分的保障。"教育公平是社会公平的重要基础"，建设和谐社会，维护社会公平，就必须大力推进教育制度改革。胡锦涛总书记提出要"加大财政对教育投入，规范教育收费，扶持贫困地区、民族地区教育，健全学生资助制度，保障经济困难家庭、进城务工人员子女平等接受义务教育"，为教育改革确立了基本目标和着眼点，应当是未来一段时期教育发展所应当遵循的指针。

以教育为民生之重，乃生民之幸、国家之福。党的"十七大"为教育和谐发展、科学发展提供了理论依据。只要我们高举中国特色社会主义旗帜不动摇，坚持不懈地推进改革，我国教育事业一定会走上更加健康的发展之路。

蓦然回首

庆 年 [1]

新年伊始,万象更新。不由地又想起王安石的《元日》诗:"爆竹声中一岁除,春风送暖入屠苏。千门万户曈曈日,总把新桃换旧符。"王安石当年写这首诗时,初任宰相,踌躇满志,欲展宏图。短短四言,形象而生动地表达了他对变法初成的喜悦和未来的期待。时过境迁,今日重读,其蕴涵之美仍然能够激起我们的强烈共鸣。

是啊,改革是当今时代的主旋律,只有改革才能求发展,只有改革才能社会日新,这已经成为社会大多数人的共识。遥想30年前,苍茫大地,云雾重重,沉疴难起,前途堪忧。若非小平同志复出,重新确立实事求是的路线,坚定不移地推进改革,探索中国特色社会主义道路,很难想象今日中国会是什么样子。

① 作者:熊庆年。文献来源:复旦教育论坛,2008,6(01):1。

王国维先生在《人间词话》中说："古今之成大事业、大学问者，必经过三种之境界：'昨夜西风凋碧树。独上高楼，望尽天涯路。'此第一境也。'衣带渐宽终不悔，为伊消得人憔悴。'此第二境也。'众里寻他千百度，回头蓦见，那人正在，灯火阑珊处。'此第三境也。"这三种境界用来描述当今中国的改革，似乎也很贴切。改革开放 30 年，先是"摸着石头过河"，所以不能不"望尽天涯路"。而后有"春天的故事"，再有"三个代表"，再后有"科学发展观"。人们在探索中国特色社会主义的道路上勇敢跋涉，尽管有起伏、有曲折、甚至有失败，"为伊消得人憔悴"，但是改革者昂首向前"终不悔"，才会有实现小康、大国崛起的畅想。如今，改革渐趋佳境，"蓦然回首"，"灯火阑珊处"，中国特色社会主义旗帜高高飘扬，这正是"众里寻他千百度"的历史必然。

社会改革如此波澜壮阔，教育改革同样潮起潮涌。从推翻"两个估计"，到 1985 年中共中央作出《关于教育体制改革的决定》，改革之途迷花渐除。之后 8 年，中共中央、国务院发布《中国教育改革和发展纲要》，通衢大路崭露身姿。再后 5 年，《面向 21世纪教育振兴计划》，金光大道跃马扬鞭。不久前闭幕的党的十七大，把教育列入社会建设之首，建设人力资源强国的宏伟蓝图让全国人民感到振奋，"快马加鞭未下鞍，惊回首，离天三尺三"。这样的故事，难道不值得我们去回味吗？这样的发展，难道不值得我们庆祝吗？

时间是最好的历史检验。改革开放三十年中国社会发展的经验告诉我们，中国特色社会主义不会从天上掉下来，也不会是人们头脑里固有的，而是在改革实践中不断发展和丰富起来的。

改革开放三十年中国教育改革和发展的事实告诉我们，教育改革是整个社会改革的一个有机组成部分，但是，教育作为一项关系到人的发展的社会事业，有其特殊的复杂性，教育改革要以人为本、以民生为本，要以民族文化为根基，要遵循教育自身的规律。中国教育改革和发展不断地探索、不断地推进，就会为中国特色社会主义的发展和丰富添光增彩。

弹指一挥，三十年过去。爆竹声声，桃符新换。我们为改革的巨大成就欢欣鼓舞，我们为小康社会的美好前景而豪情满怀。坚定不移地高举中国特色社会主义的伟大旗帜，坚定不移地走改革开放之路，这就是我们的信念。

且听东风舞新枝

庆　年①

　　三月的北京，国人瞩目，世界关注。一年一度的全国人民代表大会必定成为新闻的焦点，因为正在崛起的中国的每一个新变化，都会从这里透出种种的信息。而今年的三月，人们有更多的期待，不仅由于这次大会是换届的人民代表大会，而且由于深化行政管理体制改革是本次大会确定的主题，会议必将预示未来五年乃至十几年中国改革和发展的基本走向。近年来，每次全国人民代表大会召开，教育问题几乎都成为人们关注的焦点之一，今年会怎样？我们可以预期，教育少不了为众目所瞩。因为教育关系社会民生，关系国家发展长远，而教育行政管理体制改革又是制约教育发展的关键问题之一。

　　最近，有一件事引起了社会众多议论。教育部决定在全国

① 作者：熊庆年。文献来源：复旦教育论坛，2008,6(02)：1。

十省市试点"京剧进课堂",除了对这一政策的具体内容有不同的看法之外,也有人对这项政策决策本身的合理性提出了质疑,诸如政府教育行政主管部门是否应当就具体的课程内容做行政性的规定?决策是否经过了科学的论证?地方教育行政部门是否应当或者可能从区域实际出发来执行这一政策?等等。"京剧进课堂"的议论并不是一个孤立的现象,我们只要稍微回顾一下就能够发现,近年来教育行政部门的一些积极作为常常吃力不讨好。比如禁止大学生在外租房,比如全面展开大学本科教学评估,比如推进教育质量工程……平心而论,教育行政部门用心不可谓不善,可人们却并不是很领情。这种现象很值得深思,它们折射出的问题是,现行的教育行政管理体制与现实教育的发展要求存在着不适应性。

行政管理体制是上层建筑的重要组成部分,上层建筑要与经济基础的发展相适应,这是马克思主义的基本原理。在由计划经济向社会主义市场经济转型中,上层建筑领域的变革也是不可避免的。改革开放30年来,行政管理体制的改革一直没有停止,教育行政管理体制的改革同样也在不断推进,但毋庸讳言,教育行政管理体制的改革相对其他领域的行政管理体制改革要滞后。有人曾经把教育部门看作是计划经济体制的最后一块"绿洲",此论虽不无偏颇,但也并非全无道理。1979年,苏步青等几位大学校长呼吁"给高等学校一点自主权"。30个年头过去,大学校长们仍在忙不迭地"跑部前进",这或许可算作一种表征。当然,教育比起其他社会部门来的确要复杂得多,它牵涉到意识形态,牵涉到道德、文化,牵涉到知识发展,牵涉到人力资源,教育行政管理改革的渐进性自然有其内在的必然性。不过,在新的历史条件下,加速改革的条件已经具备,关键还在于思想是不是解放。

科学理性和政治理性的统一,是新形势下解放思想的观念基础,这就要求教育行政体制改革必须以教育行政的科学研究为前提。本期我们发表了"中国高等教育 30 年改革历程回顾""我国高等教育财政思想变迁研究""省域教育现代化战略的政策分析"等几篇文章,这些作品实际从不同角度触及了教育行政管理体制改革的问题。坦率地说,这类的研究还太少,研究的方法较为单一,研究的程度也有待深入。我们希望有更多的研究者关注这一领域,研究做得更实、更深、更好,真正能够为教育行政管理体制改革提供思想、理论和方法,真正能够对实践有现实的指导作用。

1978 年 3 月,恢复高考后的 77 级大学生走进了大学的校门,沐浴了"科学的春天"的阳光。2008 年 3 月,经历了 30 年改革洗礼的人们,正在迎着党的十七届二中全会的东风,迈开春天的脚步,勇往直前。我们期待,春天的阳光更加灿烂,改革之花更加绚烂多彩,教育事业更加健康发展。

敢于直面问题

庆　年①

3月26日,中国人民大学校长纪宝成在《人民日报》发表文章"大学评估太多了"。时隔半月,某大学六位校领导隆重迎接教育部教学评估专家组,与教学评估专家组女秘书合影的所谓"照片门"事件被披露。中国科技大学校长朱清时接受《南方周末》记者采访,直言"高校评估该停了"。高校本科教学评估再一次陷入了舆论的旋涡。其实,这未必不是一件好事。舆论的关注,有利于发现教育实践中的问题,有利于问题的研究与探索,从而推动改革与发展。关键在于,关系主体是否敢于直面问题。

改革开放30周年了,回顾30年的奋斗历程,建设中国特色社会主义实践中每一次重大突破,每一个重要进步,都是解放思想、改革创新的结果。教育事业的发展何尝不是如此! 如果没

① 作者:熊庆年。文献来源:复旦教育论坛,2008,6(03):1。

有不断冲破旧观念、旧体制的束缚,如果没有坚持不懈的改革和探索,我国今天就不可能成为世界第一教育大国,国民受教育水平就不可能大幅度提高,人力资源的增量就不可能支撑经济的持续高速增长。实践证明,思想解放的力度,决定了改革的深度与广度,决定了事业发展的可能程度。解放思想,冲破束缚,首先要敢于直面现实问题。正视问题,才会有思考。正视问题,才会揭露矛盾。正视问题,才可能找到改革的路径和办法。羞羞答答,左遮右掩,怕揭疮疤,刻意护短,不敢正视问题,就迈不开解放思想的步伐,就难以有教育改革的新突破。

解放思想的核心和灵魂在实事求是,解放思想不是蛮干,不是盲动。敢于直面问题,应当建立在科学和理性之上。教育是牵涉面特别广、特别复杂而又影响长远的事业,解决教育问题特别需要科学的精神和求实的态度,对教育改革的正确认识需要不断地反复地通过实践去检验。已往的一个深刻教训就是,我们一些教育改革政策的出台,缺乏科学的调查研究和审慎的论证,实施过程缺乏有效的评价、反馈,政策系统缺乏完善的调整和纠错机制,因而政策的效果不佳。为人诟病的高等学校本科教学评估,难道不正是这样吗?所以,当务之急,是要创新制度,在教育公共管理中建立起民主决策的制度,构建起科学的政策系统。惟其如此,我们才可能避免走弯路,走错路。而创新制度的过程,就是解放思想的过程。

我国教育事业的发展已经处在一个新的历史起点上,全面建设小康社会对教育提出了新的更高要求。我们必须清醒地认识到,教育事业的发展还远远不能满足人民的要求,远远不能满足国家发展、知识创新的要求，我们离教育强国、人力资源强国还有很大的差距；在未来的发展中我们还会遇到比以前更加错综复杂的问题、更加尖锐的矛盾冲突、更加严峻的挑战。我们只有常怀忧患意识，保持清醒的头脑，敢于直面各种问题，不为既有的经验所束缚，不断研究新情况，不断解决新矛盾，改革的路子才会越走越宽。我们只有牢牢掌握解放思想的利器，才能有所创新，不断突破，不断超越，再创辉煌。期待新一轮思想解放推动新一轮改革发展，期待教育改革与发展在思想解放的光照下，取得扎扎实实的成效。

好风凭借力

庆　年[①]

初夏之日，风雨时至，云蒸霞蔚。一些企业界人士、NGO 组织代表和高校学者，聚首复旦大学，纵论"企业促进教育创新"，并且形成了"上海共识"。其要有二：第一，在中国教育现代化的过程中，社会各界的广泛参与，具有十分重要的意义，企业应当把参与中国教育改革与发展作为企业社会责任的一部分；第二，企业参与教育发展，不仅仅是拓展教育资源，更重要的是通过举办新教育，促进人才培养模式、教育内容和方法的改革，促进教育政策和制度的改善，促进教育体制、教育模式的多元化和多样化。

"上海共识"有一个前提，即相信中国教育的改革与发展有更多企业的参与，必将会加快现代化的步伐，企业必将成为促进

---

① 作者：熊庆年。文献来源：复旦教育论坛，2008,6(04)：1。

中国教育改革与发展的重要力量。实际上，它基于对现实的某种判断——中国教育正面临一个历史性的转折点：从满足基本需要，到有可能追求好的教育、理想的教育；教育发展正在由硬件建设转为以"软件"的更新、提升为主；在当前背景下，教育体制改革需要自上而下的强大推动力，也需要营造教育制度创新的社会氛围；在中国当前的教育发展当中，最缺乏的就是广泛的社会参与、企业的参与。这种判断是不是准确地反映了客观现实？有待于未来的社会实践去检验。凭历史经验观察，有一定的道理。教育变革的动力向来主要源自社会发展的要求，没有外部的强大压力和推动，教育很难产生根本性的变革。从当代国外的教育实践来看，社会力量推动教育改革、企业推动教育改革，促进教育创新，也不乏实例。

　　然而，我们必须十分清醒，教育与社会的关系并不是直接的线性关系，企业与大学的关系也不是简单地等于客户与生产者。社会如何参与教育发展、企业如何去影响大学，反之，教育如何满足社会的需求，大学如何与企业链接，并没有确定的公式，也没有一致的答案。社会外部的压力和要求需要有恰当的中介形式传导到教育内部，学校当以理性的方式审视来自外部的信息，以反省的方式去认识变革的要求，而后作出恰当的反应。这是必然的，因为教育是复杂的，它必须以特定的文化形式来保护自己不被异化。大学为什么是保守的，自然有它本然的道理。正因为如此，社会力量推动教育改革切忌过急，企业推动教育创新莫要太功利，要找到恰当的途径和方式，"风物长宜放眼量"。另一方面，对教育而言，需要睁眼看外部，冷静观世界，从社会对人的素质的要求、从人的全面发展的要求,去再造自身。对大学来说,一定要走出象牙塔,但需要从推动知识生产去看待企业的要求,需要从服务社会的长远利益去满足社会的要求。

这样说好像很中庸,遗憾的是我们无法不这么说。1998 年北京大学百年校庆活动中,时任哈佛大学校长的陆登庭曾经这样说:"大学开展研究以推动经济的发展是无可厚非的,同样,大学教育帮助学生寻求实用和令人满意的职业也是必要的。然而,更重要的是,大学教育的杰出性是无法用美元和人民币来衡量的";"本世纪许多最实用的科学发现都是大学学者在对自然界基础知识的探索中获取的,而不是所谓'有用发明'的追求的结果"。同在那时,牛津大学校长 C.鲁卡斯也说了一段意味深长的话:"大学也有责任给予这些合情合理的要求以关注,这样大学才能完成他们的社会角色。但是大学也有责任协调大学必要的原则与外界合理的紧急需要的关系";"大学在建设性地顺应社会合理需要的同时,要坚决地保护其关键功能与意义,这是非常重要的"。这些话今天读来,不啻是一剂清醒剂。

"好风凭借力,送我上青云。"期待在社会力量的推动下教育不断变革和创新,同样,期待教育以积极的姿态、坚韧的理性去迎接社会的挑战,在变革和创新中重生。

最丰厚的遗产是教育

庆　年①

早在今年3月,我就在《解放日报》上看到记者对国际奥委会驻中国首席代表李红的一篇专访,标题引述的是李红的话:"奥运是一种教育",留下了极为深刻的印象。至今我还清楚地记得文中的三个小标题:"奥运,是理念的教育""奥运,是规则的教育""奥运,是文明的教育"。如今2008北京奥运会已经圆满地落下了帷幕,人们纷纷盘点奥运留给我们的遗产。我又想起了李红的那句话,"奥运是一种教育"。心里涌起一股冲动,要为这句话再添上几个注脚。

奥运是最本真的教育。为患白血病的儿子而战的德国体操选手丘索维金娜,10公里马拉松游泳比赛中的南非残疾选手杜托伊特,身患癌症的美国蛙泳选手埃里克尚托,参赛要被老板扣

---

① 作者:熊庆年。文献来源:复旦教育论坛,2008,6(05):1。

去工资的塞内加尔击剑选手图雷,只有一双鞋的巴勒斯坦中长跑选手阿布基特,怀揣亡妻照片的德国举重选手施泰纳……他们所展现的生活,正应了顾拜旦说过的话:"奥运会重要的不是胜利,而是参与;生活的本质不是索取,而是奋斗。"

奥运是最朴素的教育。连夺 8 金、7 破世界纪录的美国"飞鱼"菲尔普斯,曾经是一位多动症患儿、人们讨厌的捣蛋大王。经过一次又一次的努力和尝试,他母亲终于发现了游泳池能让儿子专心。当菲尔普斯获第 8 金后跳上看台与母亲拥吻时,人们领悟到什么是真正爱的教育、什么是因材施教。

奥运是最自觉的教育。志愿服务优质是北京奥运的一个亮点,"80 后"的志愿者们用自己的辛苦为他人提供方便的同时,也享受到了奉献的快乐,完成了从小我到大我、小爱到大爱的蜕变。人们把掌声和鲜花献给志愿者的同时,也在精神的田园里埋下了奉献的种子。

奥运是最自然的教育。对中国男足的批评,对刘翔退赛的议论,对郎平执导美国队的争论,对中国金牌总数名列第一后的反思,没有谁去主导,没有人去刻意灌输,美与丑在比较中显现,舆论在阳光下自然形成。当理性成为普遍意识的时候,有谁会怀疑我们的民族心智在趋向成熟呢。

奥运是最经济的教育。世界数十亿观众观看了北京奥运会,不仅在中国创造了电视收视率的新高,而且在美国也创下自 1996 年亚特兰大奥运会以来的最高收视率。奥运会让无数民众见证了伟大与高尚、顽强与崇高、英雄与美丽,让世界人民更多地了解中国的传统与现代,让中国人民更多地了解世界的普遍价值和多元文化。

　　奥运是最广普的教育。北京奥运对中国而言，民众在愉悦中得到了精神的洗礼，精英在创造中得到了价值的提升，社会在参与中激发了巨大的能量，政府在组织中造就了全新的历练。对世界而言，支持者得到激励，友善者得到鼓舞，无知者得到了解，怀疑者得到澄清，敌对者受到触动。

　　奥运是最享受的教育、奥运是最有效的教育、奥运是最持久的教育、奥运是最完美的教育……我脑海里闪现一个接一个的语句，似乎找不到最恰当的话语来完整地表达自己的所思所想。作为一个教育工作者，我一直在琢磨，短短16天的北京奥运，何以会有这样巨大的魅力和影响力？在它的面前，今天的教育何以会显得那样的苍白和无力？面向未来，明天的教育该怎样从中去汲取精神和营养？

　　感谢北京奥运！给我们上了生动的一课。感谢北京奥运！给我们留下了丰厚的遗产。北京奥运的圣火熄灭了，但我们心中的圣火不会熄灭。它会照亮中华民族的教育振兴之路，点燃莘莘学子心中的火炬。我们应当十分地庆幸："奥运是一种教育。"

社会治理的自觉与自治

庆　年①

　　不久前,首批"985"大学的校长们聚首杭州,参加2008年一流大学建设研讨会。在这次会上,一个老话题又一次被提起:建立九校联盟。从2003年清华大学发起这个系列研讨会起,每年一度的研讨会几乎都会触及这个话题。在这个看似简单的问题上,中国最顶尖大学校长们的智慧好像还不够用,至今并未有明确的结果,让人感到遗憾。笔者以为,其实结果并不重要,重要的是它表明高等教育界社会治理的意识已经在觉醒。

　　公共治理结构变革是当今世界的潮流,"治理"意味着国家把原先由它独自承担的责任部分转移给社会,因而发展社会治理形式是公共治理变革的必然途径。公共治理变革在我国有着特殊的意义。改革开放30年来,我国社会由计划经济体制向市

---

① 作者:熊庆年。文献来源:复旦教育论坛,2008,6(06):1。

场经济体制转型,社会结构由一元变为多元,公共管理由政府无限责任转向有限责任。在这个过程当中,各种民间组织逐渐发展起来,成为政府与市场、社会之间的一种力量,调节着各利益主体之间的关系。"治理"理念在中国本土的实践中,不断验证了其现实的价值。令人困惑的是,在教育领域,治理的变革并没有像其他领域那样推进,公共管理主体的多样性并不明显,社会治理形式的发育较为迟缓,社会治理功能的拓展十分有限。

高等教育发展的国际经验告诉我们,社会主体参与高等教育公共管理有其客观必然性。大学作为知识共同体,本质上要求学术自治,而社会治理更能够适应组织的内在要求,较之强政府控制更为有效。处于新的发展起点上的我国高等教育,面临着新的机遇和挑战,迫切需要改革公共管理治理结构,实行多元社会治理,改善大学与政府、社会的关系,以激发大学内在的发展动力,解放知识生产力。高等教育社会治理的形式有多样,大学联盟是其中重要的一种。作为一种行业内部的自治性组织,它有利于内部秩序和规则的形成,有利于权益的维护和行为的自律,有利于调节成员与其他主体的关系。政府管不好、管不了的事情,部分可以通过这些组织来解决。成立于1999年的中国研究生院院长联席会就是一个很好的本土范例,在近10年的研究生教育改革中,它很好地发挥了政策建议、沟通信息、协调行动的积极作用。

高等教育社会治理的推进取决于社会主体意识的自觉,但仅有这点是不够的,它需要制度环境的支持,有赖于高等教育整体治理结构的自洽。换句话说,参与高等教育公共治理的所有主体,其根本的追求都应当是,从人的全面发展要求出发,从知识社会发展的要求出发,从学校的本然目的性出发,按照高等教育的客观规律去治理高等教育。只有治理结构变革的逻辑的统一,才会有治理结构变革的目标和效果的统一。教育部副部长赵沁平在一流大学建设系列研讨会上发言指出,中国高校建设要回归教育本身,满足社会的发展,引领社会的发展;宏观管理要从政府主导回归自主性、多样化。这是耐人寻味的。政府观念和行政行为的转变,是治理结构变革的前提条件。而大学自身对学术精神和创新文化的坚守,是治理变革的价值基础。2008 年一流大学建设研讨会传递了一个信号,大学的社会主体意识越来越明晰,政府教育行政部门转型的观念在形成,治理结构变革的条件在逐步成熟,高等教育的社会治理可以期待。

洞观风云计前程

庆　年[①]

　　喜逢新年,笑迎劲牛。年首开卷,拿什么奉献给读者呢? 相信每种期刊都会精心策划,挑选最能吸引眼球的主题,我们也不能脱俗。一番头脑风暴之后,我们组织了两个专题,作为本期刊物的特别奉献。一个专题有关金融危机对高等教育的影响,一个专题有关高等教育信息化发展。

　　说起金融危机,这场突如其来的风暴,搅得周天寒彻,世界不宁。其对社会生活的巨大冲击,无论富国穷国,无论上层下层,都实实在在地感受到了,但其影响的深刻性和广泛性可能还远远未被人们认识。一个多月前还有人估计金融危机不会对实体经济造成太大的影响,而今日金融危机对各国实体经济的多米诺效应已经显现。前些时候有人声言金融危机不会对中国经

---

① 作者:熊庆年。文献来源:复旦教育论坛,2009,7(01):1。

济造成大的冲击,而今日人们已经发现,金融危机对中国经济的冲击大大超过预期。作为教育工作者,我们更关心金融危机对教育的影响。本期刊登的两篇文章,介绍、分析了金融危机对美国高等教育的影响,其实影响范围何止美国,在全球化扩张的当今时代,哪个国家的高等教育能够外于风暴而独善? 发表这两篇文章,决不是杞人忧天,高喊"狼来了"。而是期待学界高度关注,深入研究,提供知识和对策;希望领导者加强忧患意识,防患于未然。

至于高等教育信息化发展,似乎与上一专题并无关联,实则不然。金融风暴是危机,"数字鸿沟"也是危机。在信息化、全球化的浪潮中,世界高等教育内外结构在发生着深层的变革,大学的"数字化生存"能力正在成为大学核心竞争力的一个重要标志。然而在现实中,人们并不都很清晰地认识到了这一发展趋势,而事实上,发达国家和发展中国家高等教育之间、同一国家不同高等学校之间、大学内部不同部门和个体之间,这样的"数字鸿沟"严重地存在。如何填平这些鸿沟,对中国的高等学校来说不仅是一个严峻的挑战,而且是实现跨越式发展、跻身世界舞台所必须面对的考验。本期刊登的三篇有关文章,或许能够给读者带来些许思考,或许能够为决策者提供一点思路。我们同样期待,高等教育研究者和教育信息技术研究者走到一起来,深入探索相关的各种问题;理论工作者和实际工作者携手并进,推动高等教育信息化的发展进程。

诚如哲人所言,危机也是机遇。化危机为机遇,不仅需要胆略,而且需要睿智。科学地把握事物发展的本质和规律,是胆略和睿智的源泉。我国正在制订国家中长期教育改革和发展规划，认识前进道路上正在发生的和可能发生的危机，意义极为重大。它关系到对未来社会与教育发展趋势的整体把握，关系到对今后十几年教育发展目标和路径的判断，关系到科教兴国、人才强国战略的实现。教育研究者要有强烈的使命意识，要有科学的敏锐，要有实事求是的态度，把握大势，研究危机，探寻规律，为国家教育事业的发展建言献策。

　　洞观风云变，明察征程远。丹青绘宏图，科学谋发展。这就是我们编辑部最良好的新年祝愿！

说"想好了再改"

庆　年[1]

今年 2 月 18 日的《南方周末》上,刊登了兰州西北中学高三学生谢媛的一篇短文:"教改,能不能想好了再改啊"。读了颇有感慨。文章表达了普遍的社会期待,更道出了一个基本事实,推进教育改革往往缺乏充分的科学论证,导致政出无常、令行无定,政随人转、朝令夕改,人们无所适从。

"想好了再改",实际上折射出了当下教育改革的现实困境,而这种困境的发生有其历史必然性。回顾改革开放 30 年来的教育改革和发展,我们可以看到,所有的改革都是在既有的经济、政治、文化背景基础下发生的,是不断冲破旧体制束缚、不断解放思想的过程。改革的主体对自身、对客体的认识也是在逐渐变化的。正因为如此,传统的行政思维、行政行为不可能一朝一

① 作者:熊庆年。文献来源:复旦教育论坛,2009,7(02):1。

夕就改变,政策模式、决策方式也不会自然退出舞台,"摸着石头过河","在游泳中学会游泳",成为最实际、最策略的政治选择。但是,这是要付出成本和代价的,一旦它们超出了社会可接受的程度,就会产生出负面效应。现实教育改革的困境是一种信号,它提示我们,改革本身也需要不断地创新,以适应形势的发展。

"想好了再改",是我国教育事业发展到一定阶段的客观要求,不仅应当,而且必须。经过30年的努力奋斗,我们已经基本解决了让人人"有书读"的问题,人口大国成了值得自豪的教育大国。但是,这与小康社会人人"读好书"的要求还有不小的距离,离建成教育强国、人力资源强国还有相当长的一段路要走。人们越来越清楚地看到:教育改革和发展正在触及许多深层次的矛盾,各种系统性、制度性、导向性、长远性问题开始凸显出来;教育内部系统与外部环境关系更加复杂多变,教育问题与社会问题错综交织,成为社会建设的重大主题;未来的教育改革必须更加人性、更加理性、更加科学,教育事业才能健康发展。中国社会发展到今天,教育改革再延续已有的程式就不合时宜了。

"想好了再改",是社情民意的反映,体现了科学发展观的社会基础和思想基础。它绝不是不切实际的空想,而是完全可能实现的。中共党的"十六大"报告把改革和完善决策机制、推进决策科学化民主化作为提高党的执政能力的重要举措。"十七大"报告更进一步强调,要推进决策科学化、民主化,完善决策信息和智力支持系统,增强决策透明度和公众参与度,制定与群众利益密切相关的法律法规和公共政策原则上要公开听取意见。近年来,政府出台涉及民生的新政策均实行了听证制度。特别是最近,围绕医疗卫生事业改革方案、教育改革与发展中长期规划制订,政府广泛组织专家论证、公开征集民众意见,显示了推进决策科学化、民主化的决心,也充分表明了其现实的可能性。

"想好了再改",顺应了新形势下教育改革和发展的客观要求,顺应了老百姓的心愿,是实践科学发展观的最好行动。"想好了再改"不只是对决策者提出了希望,实际上也对教育科学工作者提出了新的问题:我们要不要为科学决策提供有力的支持?我们有没有能力为科学决策提供有力的支持?什么样的教育科学研究才能为科学决策提供有力的支持?最根本的问题是,判别教育科学研究取得成功的标准究竟是什么?国家中长期教育改革发展规划制订正在进入攻坚阶段,笔者以为,这是一次教育科学研究工作者贡献国家、服务社会、展示学术、提升能力的极好的机会。试问同行们、同志们:行动起来了没有?

又到春光明媚时

庆　年[①]

　　带着一种期待，观看了电影《高考 1977》。笔者作为大学 77 级中的一员，通过电影艺术重温逝去的那一段历史，自有特殊的生命情结在里边。然而，追忆如果停留在怀旧和伤感，止于品味昔日的苦涩和荣耀，那么就难以跳出个人的自恋而获取更有益的精神滋养。我们需要体味时代的思想脉动，憧憬未来更加激情燃烧的岁月。看看媒体的各种议论，你会感到世人对《高考 1977》的臧否已经远远超出了电影艺术的欣赏，而进入了历史的、社会的、政治的、人性的、教育的思考。

　　早有不少人提到，1977 年恢复高等学校统一招生考试制度，其意义不只在于一项具体教育制度的回归，而在于整个国家和民族走向了复兴。人们把它作为"一个时代的拐点"，是不无道

① 作者：熊庆年。文献来源：复旦教育论坛，2009，7(03)：1。

理的。不过有必要进一步思索的是,为什么高等教育领域的拨乱反正会成为这个拐点而不是其他?这是历史的偶然还是社会的必然?是政治家的权宜之术还是战略之选?回想中国近代百年的风风雨雨,几乎每一次重大的社会变革中高等教育都会首先被推到风口浪尖。废科举,兴学校,敲响了清王朝的丧钟。五四运动,打倒孔家店,为新民主主义革命吹响了号角。"反饥饿、反内战"的学生运动,无疑是创建中华人民共和国的一缕曙光。而"炮打司令部"的红卫兵运动,使得"文化大革命"浊浪汹涌,带来十年灾难。这肯定不是历史的偶然,而是中国社会运行的必然。教育,主要是高等教育,在中国人的心目中承载着思想革命、文化革命乃至社会革命的使命。任何一个高明的政治家都不会忽略高等教育的战略意义,运筹帷幄中必定把它放到攻坚的前沿。

高等教育被赋予了众多的社会使命,这或许也是中国特色。其积极的一面是显而易见的,不可低估和小看。政府、社会、民众的高度重视,既是高等教育发展的巨大动力源,也为高等教育功能发挥提供了深厚的社会基础。但是,我们不能不看到高度重视的另一面,极度的功利追求、强烈的工具理性,常常使得教育的本然意义不能彰显。细细思量,今天高等教育的种种积弊或多或少都与这一因素相关。比如近来人们多所诟病的所谓"大学行政化",从某个角度看,不亦是政府高度重视的结果么!不亦是功利主义盛行的结果么!又如高考改革,多年努力而少有其功,矛盾百出而消弭技穷,要在功利攸关,各执所求。剪不断,理还乱。

　　有智者云,历史的普遍意义在于"国民意识"的建构。观赏《高考1977》,也是一种与历史的对话,我们会建构起什么样的意识呢? 中国的高等教育事业与1977年相比,面貌已经不可同日而语。然而,我们的意识究竟有多大的变化? 国家中长期教育改革发展规划正在制订中,它关系到未来十几年高等教育事业的发展。规划的指导思想取决于我们的意识,我们的意识是否健康取决于我们对历史的认识是否正确和深刻。

　　春天来了,春天播下种子,秋天才会有果实收获。希望有更多历史的对话,埋下一颗颗思想的良种。

漫话"六十条"

庆　年①

　　中国人对数字有特别的敏感,也有特殊的偏好。大凡三、六、九,或视为吉祥,或视为运道。当然,生在科技发达的现代,我们不会迷信数字,但却无妨用数字来传达某种信息。20世纪60年代,曾经诞生了"农业六十条""工业六十条""高教六十条"。提起它们,有点年纪的人们大抵会唤起历史的记忆,"六十"使人很容易联想到其丰富的内涵。这就是中国数字的奇妙功能。新近教育研究界也出了一个"六十条",它是中央教育科学研究所为制定《国家中长期教育改革和发展规划纲要》提出的60条建议。此"六十条"与彼"六十条"并无治事相承,然而数字文化之蕴含则恐非二致。

　　教育改革和发展的"六十条"建议刊于《教育研究》杂志2009

① 作者:熊庆年。文献来源:复旦教育论坛,2009,7(04):1。

年第 3 期,题目为"学有所教"。在"学有所教"的命题下,分"人人受完全的义务教育""人人受公平的教育""人人受高质量的教育""人人受适合的教育""人人受终身教育"5 个方面,层层递进,次第展开。很显然,"人人"是此"六十条"的基本出发点。

我们为这个"人人"大声叫好,何以?因为"人人"意味着一种高度的人本主义的关怀,和谐社会的建设极需要这种关怀。教育的功用于人于社会皆为有益,皆不可少,此理不言而喻。然而何者在先,何者在后,何者为轻,何者为重,却见仁见智。在半个多世纪的教育发展中,国家功利、社会功利始终为主导,甚而推至极端,而人之本体发展的要求长期没有得到足够的关注。只要仔细琢磨一下中华人民共和国成立以来国家教育方针、教育目的、教育目标的各种表述,不难看到教育目的价值追求的这种偏颇。当下教育领域种种的积弊,实则多根源于社会极端功利主义的追求。有人担心这种现象会愈演愈烈,不是没有道理的。因为有些人已经习惯于在国家利益的名义之下实施各式各样的"工程"和"计划"。所以,在规划未来我国教育改革和发展之时,提出为"人人"的教育,具有特别重要的现实意义。

为"人人"大声叫好,也因为在这个概念之下,教育理念易于转化为实在。"人"是一种抽象,在现实生活中,抽象的"人"所指常常是某类或某些具体的人,而另一类或另一些人有可能在抽象的肯定中被过滤掉、被否定掉。请举其例:君不见,曾几何时,城市外来务工人员子女上学难,难在哪里?难在他们不属于城市人。城市的"义务教育"只对城市人尽义务,非城市人不能享受城市的义务教育服务。城市人口口声声教育要以人为本,实际是以城市人为本。可见在抽象的"人"的平等之下，可能掩盖了对某类人、某些人的不平等。而所谓"人人"，即每个人，不分城市农村，不分东西南北，不分男女老少，不分种族阶层，不分家庭贫富，不分身体残全，只要是人，即在其中。"人人"之于"人"，不是修辞之重叠，而是内涵之限定，外延之规范。"人人"之受，乃有真实的平等。

为"人人"大声叫好，还因为它给人们以昭示，规划未来要有灵魂的指引。"人人"是"六十条"之纲，纲举乃目张。以往的经验告诉我们，如果规划未来没有清晰而先进的思想指导，没有超越当前的价值追求，就不会有效地推动社会的进步。中央教育科学研究所提出的"六十条"也许是不完满的，也许是偏于一执的，但它代表了一批教育工作者对当代教育理念的思考和把握，给国家中长期教育改革和发展规划纲要的制订吹入了清新之风。从一月政府向社会公开征求制订规划纲要意见至今，已经半年过去了，人们在翘首期待，期待理念之光照耀未来教育发展之路。

细数甲子问新程

庆　年[①]

　　甫祝改革三十年,又逢国庆届甲子。大凡世人,走过一段人生历程,得回头看看,路是否走得对、走得快、走得正、走得稳。再朝前望望,该当何往、进退何是、驱驰何步、徐疾何优。看得越清,理之越明,志之越笃。望得越远,气之越定,行之越坚。庆生之喜,不独品味既有,实则为着未来。人犹如此,何况国乎!

　　然而,无论回顾还是瞻望,看清和望远皆非易事。回首六十年,高等教育发展之路,几度风雨,几多曲折。细细思量,有什么经验值得总结,有什么教训值得记取? 有一事曾盘桓心中良久。一日,国外友人来访,言及中国高等教育发展史,盛赞中国20世纪60年代创办的江西共产主义劳动大学。及询其现状,某如实以告,友人扼腕,嗟叹不已。提起共产主义劳动大学,在许多国

---

① 作者:熊庆年。文献来源:复旦教育论坛,2009,7(05):1。

人记忆中,可能留下的还是"文革"电影《决裂》中的印象。其实,"共大"是中国高等教育史上一个极有价值的尝试。这种半工半读式的高等教育,扩大了农家子弟接受高等教育的机会,为穷国办高等教育闯出了一条新路子。遗憾的是,"文革"中"共大"被利用来作为政治的武器,最终成为极"左"路线的牺牲品。而此种半工半读式的高等教育,则为人们所抛弃。历史的"误会",很值得省思。试想如果今日还有"共大",会有农民子弟上学难、农村缺少大学生之不堪吗?半个多世纪以来,高等教育发展总是在借鉴各式西方模式之间游走。中华人民共和国成立之初,全面学习苏联。改革开放后,美国模式遂成标杆。真正从本土实际出发的探索,可谓少之又少。南橘北枳之困,不正是当下积弊之一么?

近年来,讨论中国模式、中国道路的人渐多。要说中国"话",不要老说外国"话",也成为时常的议论。言易行难,我们用什么"语素"来言说中国"话"?提炼出什么概念来表达中国模式、中国道路?至今也没有一个让大多数人能认可的答案。但不管怎么说,人们不是从口号上接受而是从思想深处意识到"中国特色""中国道路"之重要,意识到"从中国实际出发""实事求是"之重要,这已经是一个非常大的进步。比较而言,在教育领域人们的认识相对滞后,研究道路和模式有真见解的未见冒头,倡讲中国"话"的尚凤毛麟角,这倒是令人忧虑的。危机莫大于身陷泥沼而浑然不觉。

中国模式、中国道路也好,中国"话"也好,恐怕关在屋子里冥思苦想是出不来的,没有切身的实践体验也是无法深中肯綮的。正确的思想要从实践中来,再到实践中去检验和发展,是唯物主义的认识论。毛泽东思想活的灵魂在于此,邓小平理论的精髓也在于此。中华人民共和国的诞生,改革开放的成就,都证明了其真理性。在教育领域,要通晓中国社会,通晓教育的历史发展,对现实有深刻的把握,有高远的目标追求,有上下求索的精神,才有可能冲破模式的思想束缚,屏除拿来主义的积习。最近,有消息报道,炎炎8月,31所中央管理高校的党委书记和校长来到江西井冈山学习一周。他们体验了一回井冈山精神,坚定了走有中国特色的办学道路的信心。其事可嘉,其情可喜。教育的领导者如果有了实事求是的精神,何愁找不到中国模式、中国道路。对教育研究者来说,此理概同。有对中国社会的真切了解,有一线的真实体验和深入的教育实践,不愁讲不出中国"话"。

人云,最好的庆祝是反思。此言善哉。小庆细思,大庆笃思,六十典盛当长考。思则有得,知则有益,行则有进,乐莫大焉。任凭甲子,从新轮转。自省自强,生生不息。中国高等教育辽远征程,无限憧憬。

欲脱樊篱断须飞

庆 年①

　　现今的高等教育,越来越成为社会舆论关注的中心。这并不是一件坏事。一个健康的公民社会,舆论是一面镜子,它有助于公共意志的表达和公共利益的维护;另一方面,也有助于高等学校了解外部环境的变化,反思自身的问题。

　　新近,有两件事情吸引了不少民众的眼球。一是在9月份,前中国科技大学校长朱清时被深圳市政府聘请担任南方科技大学创校校长。校长遴选历时一年多,遴选委员会借助国际人力咨询机构协助,在全球范围严格筛选候选人,通过票决的人选报请深圳市委常委会议通过。有人在报端发文称,舆论聚焦朱清时履新,不只是关注大学校长遴选的开创性,更关注的是朱清时作为一个改革者和教育批判者的行动。

---

① 作者:熊庆年。文献来源:复旦教育论坛,2009,7(06):1。

另一件事是 10 月在西安交通大学举行的第七届一流大学建设研讨会,首批进入"985 工程"的 9 所大学的校长聚首,签订了一份《一流大学人才培养合作与交流协议书》。这被媒体说成是"九校结盟",诞生了"中国版常春藤联盟 C9",于是乎会议也就成了"对我国高等教育发展具有重大影响"的一次会议。

这两件事情并没有直接的关联,但在笔者看来,却是一档子事。此话怎讲?因为它们都是在寻求中国高等教育发展深层的制度性变革。有一说法在社会上很流行了一阵子,这就是"大学行政化"。人们批"大学行政化",认为它是妨碍中国大学学术上水平的"瓶颈"。朱清时履新,这个话题重新被拎了出来,并被赋予了新的诠释。央视主持人白岩松说,"朱清时本身当校长的过程具有去官化和去行政化的一个明确的指向",朱清时在接受采访时明言"中国高校最大的受制因素是行政化趋势",表示当了南方科技大学校长以后,要去官化、去行政化。如果仔细琢磨一下,不难发现两位所说的"大学行政化"实际包含两层意思,一是在大学内部,以行政为主导;二是指大学"被行政化",即大学在政府行政控制之下。因而,去官化和去行政化也就有了两方面的目标指向。

关于"大学行政化",人们的议论已经很不少了,议论的时间也不短了。吊诡的是,社会上的人在批评"大学行政化",大学教授们在批评"大学行政化",大学校长们在批评"大学行政化",教育部的一些官员包括某几位退休和在任的副部长也在批评"大学行政化"。这不仅让大学以外的很多人感到迷糊,连大学里的一些人也迷糊了。究竟谁该对"大学行政化"负责呢?究竟怎样才能改变"大学行政化"的状况呢？

　　笔者以为，所谓的"大学行政化"是几十年历史的一种沉积，也是现实环境各种矛盾的具体反映，牵涉多面，错综复杂，解决起来绝非易事。去行政化首先需要解决大学的"被行政化"。大学如果不能自主，一切只能俯首听命于政府行政部门，焉得不行政化，焉能按照教育自身规律去办学！C9之约被人们所看重，有一个意义或许被人们所忽视，即这些大学在争取自主办学方面取得进展，在摆脱"被行政化"上迈出了可贵的一步。公众有所不知，早在第三届一流大学建设研讨会上，就有某大学提出了建立联盟的动议，后来的每一届会议都会重提这一动议，但总未能成事。五年之后的今天，好不容易形成了这样一份在人才培养方面的协议。严格说来，这还不是真正的"结盟"协约。看似简单的事情，做起来却很不简单。要害就在是不是要真正地自主，能不能真正地自主。笔者曾经亲眼看到过非常滑稽的一幕：刚刚高调抨击"大学行政化"的某校长，转身便在合影排座次中坚持要政府官员坐在中央位置，"谦虚"的官员说，这不又"行政化了吗"。

　　朱清时已经走马上任了，他的试验田会不会结出丰硕的成果？C9有了一份盟约，会不会产生出广延和连锁的效应？我们满怀期待。

耳顺乃智

庆 年[①]

　　不久前收到哈佛中国论坛第十三届年会的邀请,知悉将于 2010 年 4 月举办的这届年会主题是"六十耳顺:新中国的成长与展望"。看罢让人眼睛一亮。孔夫子有言,"六十而耳顺"。人生有了丰富的历练,就能洞察世事,听人之言,明人之意,容人之见,得人之心。论坛主题以人喻国,可谓绝妙。既表达了主办者对时代脉搏的准确把握,又表达了海外赤子的美好期望之情。

　　善纳民言,是社会昌明的标志,也是民主社会成熟的标志。中华人民共和国走过了 60 年的历程,经过了风风雨雨,也付出了许多社会代价,才逐步形成了对社会发展较为科学的认识。民言的价值越来越凸显,广纳群言、博采众智、问计于民,已经成为执政者的基本理念。从国家医改方案公开征求意见起始,民言

① 作者:熊庆年。文献来源:耳顺乃智[J].复旦教育论坛,2010,8(01):1。

显然已经成为社会政策制定的重要智慧来源。猛然想起30多年前的话剧"于无声处",剧中所描绘的社会状况是何等的不堪。而今,"无声"早已成为历史,"唯上之言为是"也在成为过去,届"六十而耳顺",不能不说是一个巨大的进步。

2008年初,《国家中长期教育改革与发展规划纲要》公开征求意见。中华人民共和国成立以来,这在教育领域还是头一遭。教育界人士无不为之鼓舞,奔走相告。据悉在第一轮公开征求意见阶段,不到两个月时间,有关机构就收到电子邮件、信件14000多封,网民通过教育部门户网站发帖11000多条,各界人士在社会网站、高校校园网上发帖210多万条。可见民众之关切,社会热情之高。惜第一轮之后,未见有第二轮,人们所企盼的纲要草案文本也迟迟不见露面。去年,有内部人士曾透露4月可布,后再告7月可见,再后闪烁其词"快了快了"。时间一晃,一年已经过去,教育部部长也已经易人,纲要草案仍不见问世。怪不得有人质疑,有关部门究竟有多大诚意听取民众意见?或许有人会说,教育问题特别复杂,不可不慎。其实越是复杂越是需要依靠群众的智慧。或许有人会说,纲要还有待完善。如果完善了,那还用得着再听意见吗?

坦率地说,有关部门还缺少一点"耳顺"的精神和境界。所谓"耳顺"的精神,一则民众之利益攸关的事须听民意,二则相信民众中蕴藏着无穷的智慧,三则要听真话、不要听假话。所谓"耳顺"的境界,即要有容忍与大度的雅量。古语道"忠言逆耳",只有"逆耳"之言闻而不逆,是为"耳顺"。"耳顺"者,无如言何皆"顺耳"者也。

　　行文至此，笔者不得不提，眼下缺乏"耳顺"精神和境界的人并不少见。翻开一些大报和杂志，歌颂教育改革成果的广告比比皆是，有的是教育行政部门做的，有的是学校做的，而且这种广告越来越多，版面越来越大，甚至整版连版，一掷数万乃至上十万者不在少数。它们有多少实际价值？其中有多少真言？不得而知。把有限的教育经费用在这上面，恐怕有违纳税人的本意。而另一方面，一些教育行政部门的领导人，听不得不同意见，更听不得"刺话"。某大学某氏因屡发言论，对出台的教育政策品头论足，每每受到上面来的"压力"，故不得不改用社会民间组织的头衔发表文章。我们期待这种状况能够改变。教育行政部门"耳顺"了，就一定不会缺乏智慧。

让灵魂跟上脚步

庆　年①

　　"让灵魂追上脚步"，据说是墨西哥谚语，常被人们借用来表示要把握好前进的节奏，经常思考奋力所至，不忘记根本的追求。企业界风云人物王石曾经写了一本《让灵魂跟上脚步》，让这句谚语更加广为传播，因为它反映了时下人们对现实生活的一种理性反思。尽管我也知道这句谚语，但是，当宣勇教授在大学发展与组织变革高峰论坛的致辞中引用这句话时，心弦仍不禁拨然一动。

　　从1978年春走进大学，就一直没有离开过大学。读书、教书，当学生、做老师，变换三度，辗转四地，进出六所大学。30多年的校园生活，似乎就没有悠闲过。尤其是近十几年，大学改革的力度越来越大，发展的步伐越来越快。身在其中，耳濡目染，

① 作者：熊庆年。文献来源：让灵魂跟上脚步[J]. 复旦教育论坛，2010,8(03)：1。

也不由得行色匆匆。争取项目拿课题，多写文章快出书，大家拼命往前赶，摽着劲地比高低。"骑上了马背"，不奔也得奔了。遗憾的是，我等很少有人勒住马缰，停下来想一想，正在奔向何处，为何要如此飞奔？高峰论坛间隙，偶得悠游，与阎凤桥教授闲聊，说起自己导师和前辈们的逸事，兴味无穷。忽然有感，吾辈一代多沦为匠人职事，绝少有前贤风雅和特立独行，顿觉怅然若失。不免慨叹，大学校园的下一代，还能听到我们的故事么？

个人如此，组织亦是。30多年来，大学的组织发生了许多变化。规模大了，结构复杂了，类型多样了，利益多元了，竞争激烈了……变成为常态，不变反成异类。学院改大学，专门改综合，专科升本科，教学型转研究型，申硕再申博，争取"211"，挤进"985"……趋之若鹜，逐之者何？或云人皆如此，不进则退。不知有几人细细思量过，究竟为什么而改变，是否值得去追求。在高峰论坛上，徐辉教授、顾明远教授先后谈及大学的变与不变，发人深省。在这个不断改革的时代，在这个迅速变化的时代，我们真需要经常想一想，大学有哪些是不变的，哪些是不能变的；哪些是变化的，哪些是应当变化的。

也不知什么时候开始，"摸着石头过河"，成为中国改革发展的一个信条。从解放思想的角度看，它无疑具有巨大的激励作用。没有现成的经验，要鼓励敢闯敢干。失误失败在所难免，"萝卜快了不洗泥"。但是，摸过了河之后，是不是认真想过，摸得对不对，摸得好不好，摸得值不值？2003年在日本做客座教授，一次关于日本国立大学法人化后财务制度的研讨会让我十分惊讶。本来，自1997年起，有关各方就在研究法人化的各种相关问题,一次又一次地进行调查,2003 年日本国会通过了相关的 6 个法案,决定 2004 年 4 月起正式实施。尽管这样,人们仍然在进行具体的制度规范研究。我对日本国立学校财务中心主任大崎仁说,中国的改革是"摸着石头过河",日本是改革是"都想清楚了再做"。大崎仁先生很同意,觉得这是两国改革文化的不同,什么事情都要想清楚了再做,会贻误战机,日本应当向中国学习。我说中国应当向日本学习,多想一想再做。现在看来,不仅事前要想一想,事中事后也要多想一想。多思才能明白渊源所自、路之所由,多思才能把握目标所向、价值所求。

《国家中长期教育改革和发展规划纲要(2010—2020 年)》国务院审议已经通过,大学的新一轮改革就要启动。在这个时候,多一分理性的思考,就会多一分成功的可能。高峰论坛闭幕时,邬大光教授呼吁,要用历史的眼光来观察大学的发展和组织变革,不要像黎巴嫩著名诗人纪伯伦的名言那样:"我们已经走得太远,以至于忘记了为什么而出发"。诚哉斯言!

师其意　得其神

庆年[①]

　　4月3日,第156届牛津、剑桥赛艇对抗赛举行,英国伦敦泰晤士河两岸,人头攒动,数十万人驻足观看。在牛津大学攻读博士学位的友人电邮告之,尽管学位论文写作正在冲刺的当口,她仍然去为牛津队鼓劲助威了,因为这是牛津的节日,大家都会去。留学英国这几年,只要她在伦敦,一年一度的赛艇对抗赛,一定会去为牛津呐喊。只是有些许遗憾,这次是剑桥赢了,取得了它在对抗赛上的第80次胜利。

　　没过多久,从媒体上得知,本该在5月底举行的、已经持续10年的北大、清华赛艇对抗赛,今年悄无声息地被取消了。一时间,舆论纷纷。有的言其为"过度功利主义的特殊样本",有的言其学习世界一流大学"水土不服",云云。夸饰壮语,在耸人听

① 作者:熊庆年。文献来源:复旦教育论坛,2010,8(04):1。

闻。犀利措辞,在夺人眼球。种种评论,姑且观之。然而,我注意到,有记者在北大、清华的校园里采访了二十几位学生,发现大家对赛艇对抗赛"没什么印象",倒是耐人寻味。"划的是寂寞",与牛津学生"倾城而出",可谓对照鲜明。

本来,校际体育竞赛是一件很有意义的事,正如一篇介绍哈佛与耶鲁足球赛的网络文章所说:"哈佛和耶鲁的足球队并不是凭借技艺超群而为人所知,它们之间的对抗赛是因为友好的气氛而使这一过程充满了乐趣"。或许,大学确有依靠竞赛来提高声誉之目的,但可能更主要地是在展示和传递学校的个性与品格,它形成一种文化,学生们在参与中陶冶精神气质。北大、清华仿效世界名校进行赛艇对抗赛,即使有些功利,也无可厚非。问题在于,这项活动承载了越来越多的其他东西,而渐渐忽略了它本来应有的文化意义,即让广大的学生在参与中得到乐趣,得到精神的熔炼与凝聚。哈佛和耶鲁不也效法牛津、剑桥年年搞赛艇对抗赛么?1852 年至今,人们乐此不疲。当年中国首批留美幼童钟文耀就曾是耶鲁赛艇队舵手,在他参与的两届赛艇对抗赛中,耶鲁大获全胜,人们对这位中国青年刮目相看。这就是对抗赛真正的意义所致——让学生在参与中得到精神升华。

新华时评声言,"北大清华能够果断停止这种已经变味的比赛,知耻近乎勇。"话说得很重,仅就事论事,不免有点儿过。但推而论之,又似乎有所不及。试看今日之中国高校,仿美效英,若鲫鱼过江,岂止一个赛艇对抗赛。言必称哈佛,行必看西人,已成流行与时髦,何止北大与清华。"邯郸学步"者有之,"东施效颦"者有之,"画虎不成反类犬"者有之,这些"变味的比赛",有多少人勇乎"知耻"？又有几人为之奔走呼号？

　　笔者非夜郎自大之人，素以为学习当得他者之精、气、神，模仿当着眼文化之根、基、魂。除了洋为中用，还有古为今用，其理概一。如今从中国高等教育的传统文化中去寻找大学改革的资源，渐成风尚。比如，早已几乎消弭形迹的"书院"在大学里又有了名头，形形色色的"书院"匾牌高悬。然而，中国古代书院之精，几人知晓？端午节刚过，今年粽子大热卖，龙舟竞渡大兴盛，这很大程度要归功于传统文化之提倡。贤者有话，端午节不能只剩下吃粽子。此乃真知灼见！大学发展同理，无论学洋师古，不可徒有其形。师其意而得其神，方谓之善。若学其迹而亡其意，则可以休矣。

"蜗居"的美展与"根叔"的呼唤

庆　年[①]

　　细心的读者可能会发现,本刊上期和本期的封二封三,都刊登了复旦大学第二届学生抽象艺术展的活动照片和部分作品。也许,以后还会继续刊登。之所以如此,缘于一种感动。这些稚嫩的、拙笨的、草根的、简陋的、粗糙的抽象艺术作品,流淌的是青春的生命跃动,是心灵自由的渴望,是美感体验的惊喜,是人生智慧的悟见,是未来追求的升华。读了这些作品,你不能不为之惊讶,平平常常的大学生居然有这样的艺术创造力和表现力!如果再读读作者们的创作感想,你不能不为之欣喜,一门通识教育课居然有这样出人意料的教学效果!

　　有一位数学专业的同学这样叙述他的感受:"抽象艺术所启发我们的不仅仅是艺术欣赏层面上的一个全新角度,更是日常

---

① 作者:熊庆年。文献来源:复旦教育论坛,2010,8(05):1。

生活中的一种人生智慧：有的时候，我们需要挣脱正统和教条的
束缚去看待一些问题。当我们解放了自己的思维时，我们得到
的会是一片更加广阔的天地。……我觉得中国学生事实上是不
缺乏创造力的，我们所需要的只是一些展现创造力的自信心而
已。……我从没有意料到，一门选修课可以改变我的一些生活
态度。但是我欣然接受了这些变化，因为它让我感受到了生命
中更纯粹更美好的东西。"

　　类似的描述在学生的论文中俯拾即是，读了这样的句子，你
还能心静如水么！不过，更让我为之不能心静的却是，这个艺
术展是在自行车库中"蜗居"的。虽然艺术没有因为"蜗居"而掩没
其魅力，但是我更期待它登上"大雅之堂"。珍重学生的艺术，就
是珍重学生。什么叫以学生为本？以学生为本就是处处事事替
学生着想，把学生的成长需要摆在第一位。以学生为本需要切
实的举措，需要具体的行动，最重要的是需要真诚。与其高喊崇
高的理念，不如实实在在为学生办几件实事。

　　前两个月，华中科技大学校长李培根——"根叔"的毕业致
辞广为传播。16分钟的演讲，30次的掌声，7780名毕业学生"根
叔"的齐声呼喊，的确让人心热。"根叔"说，他的演讲"可能只是
学生喜爱的一种风格而已，其实是件很普通的事"。我们也相信
他说的，"还有很多比我更有文化和思想深度的大学校长"，但更
有文化和思想深度的演讲则未必能得到如此般的欢呼。喊校长
为"根叔"，视校长为家人，这绝不是学生随意所为。只有能真诚
面对学生的校长，才会受到学生的真诚爱戴。"根叔"知道，"以
学生为本，讲是很好讲，但要做到是很不容易的"。他的演讲是

自己"一个字一个字敲打进电脑里"的,用的是学生的语言,说的是学生的事儿,触及的是学生的心灵。还有什么华丽的辞藻能够胜过这样的肺腑之言!还有什么魅力的说辞能够超越这样的诚挚之心!

　　不是为了作秀,所以"根叔"希望媒体"不要过分拔高、渲染",这是实事求是的态度。如今我们看到的是太多的让人产生期待的高调,得到的是太多的令人泄气的结果。一位朋友曾向笔者推荐一篇某大学校长抨击大学之弊的"犀利文",这使我想起了年初曾经走红网络的"犀利哥"。犀利哥的"酷",是因为连家也不知道在哪儿的他,因有精神障碍而无所忌惮,以自由混搭的乞丐装颠覆了传统的衣着,受到追求特异又苦于找不到点子的网民的热捧。然而,当犀利哥"被救助"回到了现实中的家,并"被同情"地邀请到某服装企业当模特时,他却全没有了当日犀利的气质和风采,走上T型台,毫无"酷"色,完全蔫了。究其原因,概此时的犀利哥"精神正常"了,不是"目中无人"了。那么,作"犀利文"的校长在现实的T形台上,是会继续"犀利"呢,还是会蔫了呢?

回望洪堡

庆　年[1]

"回望"，用好听点的说法，叫历史回眸。而"回望"所寄，其实义蕴各异：有"无可奈何花落去，似曾相识燕归来"的书生式感怀；有"大江东去，浪淘尽，千古风流人物"的英雄式惆怅；有"折戟沉沙铁未销，自将磨洗认前朝"的失意者之慨叹；有"沉舟侧畔千帆过，病树前头万木春"的改革者之激扬……笔端千种，意象万般，不一而足。此处言"回望"，非发思古之幽情，计个人之沉浮，实近来思虑纠结所致。读薛涌的《北大批判——中国高等教育有病》，依其所言，中国大学还没有真正学得西方现代大学的精髓，中国要建设世界一流大学，却并不知道一流大学的范本是什么。何以至此？一流大学真谛究竟何在？我们真正该追求的是什么？问题萦绕心中，久久挥之不去。留学德国十四载的俞

① 作者：熊庆年。文献来源：复旦教育论坛，2010，8（06）：1。

可博士来访,言及柏林大学建校 200 年,胸中郁积一时点燃。柏林大学是西方现代大学的起始,洪堡为柏林大学之父,何不追本溯源,回望灵魂所自,或可破遮蔽之蒙! 即刻与诸贤友言,同声响应,于是乎有本期一组有关洪堡的文章。

回望是对本真的一种追求,是对自体本质的认知。自从洪堡创立柏林大学,现代大学的价值基础和制度基础得以奠定。200 年过去,人们在其基础上创造出了许许多多的大学样式,然而其原初之义却是不竭的精神源泉。因为大学在发展和变革中,不得不面对来自国家、社会和个体的种种要求,在创造新样式的同时,也无可避免地要遭受世俗、利欲的侵蚀。大学之所以较社会其他组织有更顽强的生命力,就在于它能够在矛盾之中不断从本原出发去创新组织,作出某种适应性的调整甚至妥协,而不失其组织的根本追求。如果大学一旦忘记了它的本原,就会被逐渐异化,最终失去其灵魂。前几年,哈佛大学前文理学院院长刘易斯写了一本《失去灵魂的卓越》,反映的是一所世界一流大学的精神品质,其实质是在时代变革条件下对大学灵魂的召唤。听俞可博士说,有德国教授声言,洪堡的理想,至今也没能在德国实现。这也许并非自谦之语,因为理想与现实始终是一对矛盾,理想本身的内涵也会因时代而丰富,只有在实践中不断追寻其本原,理想才成为精神的实在。

回望也可以说是一种反省。努力向前久了,得回头看看,走了多远,走偏了没有。否则可能迷失,跑得越快,离所冀越远。所以,回望是不可少的。洪堡创造了研究型大学的最初形态,他所确立的学术自治、研究与教学相统一、教与学自由的原则,也可以说就是一流研究型大学所应达到的境界。当下,尽管建设世界一流大学已经成为流行的话语,但对于什么是世界一流大学,人们还没有形成共识。有不少人乐道"我们离世界一流大学有多远?"这其实是一个伪命题,因为不可能有一个量化的标准尺度。真正的尺度应当在精神境界,洪堡的原则不失为一种标杆。十月中,一流大学建设系列研讨会在复旦大学举行。会议的主题,是一流大学建设的中国模式。从某个角度看,这样的研讨就是很好的反省。从2003年至今,一流大学建设系列研讨会已经开了八次,从最初关心建设目标指向,到关心国家相关政策的延续性,关心研究成果的造就,再到关心本科生教育,关心大学内部治理,关心一流大学建设的本土化模式,一条很明显的思想轨迹就是,参加研讨的大学校长们正由外在的追求转向内在的修炼。回望改革的实践,回望追求的本源,洪堡精神或可得之。

有人说,回望是为了更好地前行,此言不虚。洪堡是一座灯塔,前路漫漫,愿洪堡之光始终照亮我们的前程。

教育学是人学

庆　年[1]

　　"大学里理科学生瞧不起文科学生,外国语文系学生瞧不起中国文学系学生,中国文学系学生瞧不起哲学系学生,哲学系学生瞧不起社会学系学生,社会学系学生瞧不起教育系学生,教育系学生没有谁可以给他们瞧不起了,只能瞧不起本系的先生。"这是钱锺书先生《围城》中的一段。在北京大学教育学院庆祝北大教育学科恢复 30 周年的学术研讨会上,教育部政策法规司司长孙霄兵先生发言伊始,便念了《围城》中的这段话,引起了会场一阵笑声。这笑声,不知是因为钱锺书小说的幽默、诙谐,还是因为在场的教育学者们从中品味到了尴尬、苦涩而自嘲。孙霄兵先生显然意不在噱头,而是由此导出了教育学与其他社会学科的关系问题。他认为,在教育功能日益见重的当今社会,教育

---

① 作者:熊庆年。文献来源:复旦教育论坛,2011,9(01):1。

学要发挥其作用,就要站在人的立场、站在人的全面发展的立场,带动所有的社会学科,去研究教育现象和问题,从而才能走到社会科学的学术前沿。

孙先生的发言让我思忖了好一阵子。笔者只亲耳听到过某些政府官员对教育研究的嘲讽,听到过某大学校长对教育学科的鄙夷,也听到过一些"重要"学科大牌教授对教育学者的不屑,倒还真没有听到过政府官员、大学校长、学术大腕这样"抬举"教育研究和教育学科,甚至也没有听到过教育研究者这样看待所从事的事业、这样对未来充满信心。细细思量,那些瞧不起教育学科、教育研究、教育学者的人,大概并不完全是钱锺书笔下20世纪30年代大学校园中文人相轻的文化心态,可能是由于他们觉得教育学还不"科学",教育学者搞出来的东西不管用;也可能是由于他们觉得不搞教育学照样能论教育、治教育,他们比教育学者更懂教育实际。这正是中国教育学科或者说中国教育的悲哀所在。其实,他们忽视了一个根本性的前提,教育学是成人之学,并不是用科学就可以解释的,也不是凭经验就可以洞彻的。

200多年前,德国大哲学家康德就指出:"教育在造就人。"他最早在大学开设了教育学讲座,出版了《论教育》。康德的最后一部著作《实用人类学》,有学者认为是康德教育学的第二核心。显而易见,康德是从人的本质意义上去阐释教育价值的。遗憾的是,在教育学不断被"科学化"的过程中,越来越失去了对"人"的观照。著名教育家苏霍姆林斯基在《把整个心灵献给孩子》中有一句话:"教育——这首先是人学!"可以说就是对教育学"目中无人"的批判。人乃万物之灵,既是生命现象,又是社会现象,也是文化现象和精神现象，是世间最为复杂的认识对象。教育作为一门学问，如果只关注其一端，必然差之毫厘、失之千里。而教育学之所以尚未达到"科学"的境界，就在于综其全般实难。

近年来，教育学者们对中国教育学的"低人一等"越来越感到焦虑。然而，在教育重大问题的讨论中，却又频频"失语"；在教育改革实践中，屡屡"怯招"，听凭他人在"自家领地"纵横驰骋。制度性的歧视、"唯科学主义"的霸权和中国知识生态的"目中无人"，固然是我们直不起腰杆的重要因素。但是，教育学者自己心中有"人"么？有海纳众长的胸怀么？有携手百家的气魄么？我们相信，中国教育学危机只有跳出狭隘的传统学科的框框，才会真正屹立于学科之林。所以，我们赞成孙霄兵先生的倡议，站在人学的立场，去促进整个社会科学对教育的关注。需要补充的是，要促进的不光是社会科学，而应当是所有与"人"有关的学科。正因为如此，本刊这期发表了一组人类学视角的文章，我们也期待所有与"人"有关学科的学者来论教育，盼望更多的教育学者以不同学科的视角和方法来研究人的成长与发展。

让孔子和柏拉图归位

庆　年[①]

年首岁初,琐事纷繁。我很惊讶,自己居然以极大的耐心,听了两天半的教育哲学国际研讨会。杨东平先生的一番话,或可解释我内心深处的一种热望。他以为,在当今社会各种教育论坛上,孔子和柏拉图是缺席的;人们热衷于讨论的是变革、战略、政策、市场、效率、评价之类,话语都是很现实的、具体的、功利的,而失缺的是真正的思想对话;在这样一种环境之下,来与国际学者交流教育哲学的思考,无异给躁动、喧嚣的学界吹进了一股清新之风,时下我们特别需要这样的精神滋养。

孔子和柏拉图何以缺席? 在文学家不再能制造轰动效应、历史学家不再备受社会敬重、科学家不再为学生们所艳羡的今天,思想似乎也不再崇高,哲学似乎也不再神圣。人们往往把它

① 作者:熊庆年。文献来源:复旦教育论坛,2011,9(02):1。

们归因于市场经济大潮的冲击、政治意识形态感召力的减弱、社会文化意识的衰退、现实功利主义的流行、个人主义的高扬、教育的工具化等等。这些也许都不错,都有一定的道理。然而,我们不能不看到,知识分子自身的思想放逐也是重要的原因。在社会转型的急速旋涡中,在利欲的疯狂膨胀中,有学者开始忍受不住寂寞,等不及一点一滴地积累,沉不下心来细细思索,或急切地站到前台指点江山,以得到秉权者的青睐;或急于成为公共知识分子,以获取大众的追捧;或以知识换商品,从市场交易中分得一杯羹。在教育学科领域,不争的现实是,教育哲学、教育原理、教育史这些昔日的重镇,如今门庭冷落,风光不再,同道纷纷转行,趋向热门。诚然,把板子都打到学者们身上,显然也是不公道的。现时的大学,确实有太多的无奈。项目、经费、绩效,像一条条绳索,套在学者们的脖子上。被现实功利绑架的学术研究,如何会有深沉的思想积淀。

令人欣慰的是,仍然有那么一批学者,他们秉承知识分子的根性,孜孜于心灵之求,漫漫于跋涉之中。正因为有他们的存在,思想的辉耀才没有全被遮蔽。此次复旦大学教育哲学国际研讨会,虽未蔚为大观,却也灿然可喜。学界翘楚,济济一堂。国际对话,毫不怯弱。本期选登会议论文数篇,略可窥见一斑。尤其值得关注的是高伟、金生鈜先生的文章,他们讨论了一个严肃的命题:今天的教育哲学应当是怎样的。中国教育哲学的问题究竟在哪儿?除了前文所言的外在环境的因素和人的内在因素,我们不能不拷问当代教育哲学自身的正当性和合法性,即教育哲学与生活的关系应当是怎样的? 教育哲学应当如何影响教育实践？他们的观点并不一致，这正是两位教授文章的意义所在，因为思想是在碰撞中而辩明的。孔子和柏拉图的缺席，更为深层的问题是如何认识教育哲学的当代价值，这是一个绕不过去的槛。如果有更多的同仁来讨论这些问题，那将是我们的大幸。

青年马克思曾经指出："任何真正的哲学都是自己时代精神的精华。"哲学是对价值的拷问，思想是行动的指南。中国教育正在奏响新的变革进行曲，在华美的乐章背后，有没有深刻的理性思考，有没有正确的价值导引，将决定中国教育未来图景之善否。两个世纪前曾任德国柏林大学校长的费希特说得好，"学者的使命主要是为社会服务，他比任何一个阶层都更能真正通过社会而存在，为社会而存在。"学者们有义务有责任成为社会的思想担当，让孔子与柏拉图复归本位。如果我们能像费希特所说的那样，用"大丈夫的思想方式，一种对崇高和尊严的强烈感受，一种不怕任何艰险而去完成自己的使命的火般热忱"，去追求真理，并"至死忠于真理"，教育哲学就会真正成为当今时代教育改革与发展的思想精华。

察往以知来

庆　年①

清华百年，盛典空前。不仅清华人在追溯以往，也不止千万学人在品味这知名学府的世纪风云，更有平头百姓街论巷议在世说大学。有亲耳所闻为证：前日路过一早点摊，听摊主与顾客搭话，话题便是总书记胡锦涛与清华如何如何，政治局有几个常委与清华如何如何。妇叟皆知，有至于此，可见中国高等教育大众化了，老百姓对大学的认知也"大众化"了。当然，作为"利益关系者"，我们更关心的是，在这个喜庆的节点，中央是否会有新精神。因为名校之庆，已经超越寻常节庆，而成为重大政策宣示之日。1998 年 5 月，北大百年校庆，时任总书记的江泽民宣布，中国要建设若干所世界一流大学和知名大学，"985 工程"因此诞生。2005 年 5 月，复旦百年校庆，吴邦国委员长发表讲话，明确

① 作者：熊庆年。文献来源：复旦教育论坛，2011,9(03)：1。

建设一流大学是国家的重大战略举措，必须坚持不懈地做下去，"985 工程"一期又一期的接续也就顺理成章了。果不其然，在人们的翘首以待中，胡锦涛总书记在清华百年校庆大会上发表讲话，就全面提高高等教育质量作出了新宣示：必须大力提升人才培养水平，大力增强科学研究能力，大力服务经济社会发展，大力推进文化传承创新。这四个"大力"赋予了中国高等教育发展新的时代内涵，引起了高教界乃至社会的热议。

令笔者深思者，尤其最后一个"大力"。向来，人们讲大学有三大功能：人才培养、科学研究、社会服务。而把文化传承创新纳入大学勠力之要，无疑是对以往百年、特别是近几十年中国高等教育发展深刻审察之得。现代大学是西方舶来品，清华大学当初就是美国大学模式的移植，然而清华的先辈们在学习西洋的同时，不忘士人之任，创造了一个又一个的文化高峰。梁启超、王国维、陈寅恪、梅贻琦、朱自清、闻一多等一代新文化的巨匠，塑造了半个世纪中国文化的向上精神，至今仍在发挥着鼓舞世人的力量。令人遗憾的是，这种传统在 20 世纪下半叶被人为地阻断了，大学所应有的文化传承和创新功能被削弱了。改革开放以后，虽然传统有所恢复，但在市场经济大潮的冲击下，文化的淡忘似乎又变得不可避免。清华百年际遇可以说就是中国高等教育发展的一个历史缩影。

以推进文化传承创新问责大学，亦出于面向现代化、面向世界、面向未来之前瞻。文化是一个民族的根基所在，是一个国家的灵魂所自。今天的中国，经济实力在不断提升，已经成为世界第二大经济体，这是所谓的"硬实力"。但中国的真正崛起，更有赖于文化"软实力"的提升。诚如孔夫子之言:"远人不服,则修文德以来之。"问题在于,时至今日,何以为文? 文化不只是重拾昔日旧典,不只是保护文化遗产,文化更需要播撒到人心之中,在下一代中生根。文化的生命力在于创造,创造当本之于人之善性、扎根于民族之特质、瞩目于人类美好之价值的时代精神。"大学之道,在新民"。大学作为造就人才、传播和创新知识之所,担负着引领文化的责任。"人文日新"是时代对清华大学的呼唤,也是对中国所有大学的呼唤。

钱穆先生有言:"明于察往,勇于迎来。"清华百年之庆,不只有喜悦和欢呼,也有冷静的省察与反思,有理性的回顾与瞻望,这是更让人欣慰的。因为有省察与反思,才会有进步;有回顾与瞻望,才会有方向。再过几个月,我们将迎来中国共产党 90 华诞。本刊这期刊登了两篇回顾党领导中国教育事业的文章,目的亦在察往以知来。

教育的党性

庆　年①

　　1920 年末，正在筹建中国共产党的陈独秀，应邀担任了广东省政府教育委员会委员长。他"将新文化运动和社会主义思潮广泛带到广东去"，"在那里发动共产主义小组"（李大钊语），教育成为了他最重要的工具。在"刷新教育"的主张下，他不仅提出《广东全省教育委员会组织法》《全省学校系统图》《每年教育经费概算表》三种法案，进行了种种的改革实践，如办夜校、养成所、俄语学校，支持中学男女同校，而且还发表了诸多有关教育的文章与演讲。在《新教育是什么？》中，他鲜明地指出："要想改革社会，非从社会一般制度上着想不可"，"旧教育的主义是要受教育者依照教育者的理想，做成伟大的个人，为圣贤，为仙佛，为豪杰，为大学者。新教育不是这样，新教育是注重在改良社会不

　　① 作者：熊庆年。文献来源：复旦教育论坛，2011,9(04)：1。

专在造成个人的伟大","新教育对于一切学校的概念,都是为社会设立的。自大学以至幼稚园,凡属图书馆、实验场、博物院,都应公开,使社会上人人都能够享用"。

鼓吹以教育为改革社会的工具,并不是陈独秀一时兴起,也不是他的政治权宜,而是承继了马克思主义的主张。《共产党宣言》说得明明白白:"资产者唯恐其灭亡的那种教育,对绝大多数人来说是把人训练成机器罢了";"共产党人并没有发明社会对教育的作用;他们仅仅是要改变这种作用的性质,要使教育摆脱统治阶级的影响。"中国共产党自创立起,就在努力实践并发展马克思主义的教育主张,在推翻三座大山的革命年代以教育为有力的武器,在社会主义建设年代以教育为国家发展的支柱。所以,教育向来就是党的事业的一部分,毛泽东为"抗大"教师杨兰史的题词"忠诚党的教育事业",后来成为教育工作者的信条,是十分自然的。

有人以为,现代教育应当超越政党政治,笔者不以为然。葛兰西早就指出,"国家也不会一成不变地代表社会统治集团纯粹的阶级权力,国家权力的真正本质在于任何时候都将建立在各阶级力量平衡之上。这样一来,教育作为国家机器的一部分,也将成为不同阶级需要争夺的目标。由于教育已成为公共政治机构,也就随之卷入了普遍意义上的政治竞技场。它成为无休止的阶级斗争的场所,各对立的社会力量都想让其依照自己的利益和特殊需要发展。"这种政治竞技往往就表现为政党的教育政策主张。在当代社会,教育事实上更加政治化了,不仅有"阶级斗争",而且有不同利益集团的政治争夺。伯顿·克拉克对高等教育的政治卷入有过深刻的描述："由于高等教育问题表现出作为争端的高度重要性，它们容易流经正式的政府政治渠道和它们在其中生存的有关的政党结构。"2002年，英国保守党发言人、影子内阁教育大臣代明·格林就直白地表示，"我完全不同意这样一种观点：即公共事业——比如说教育——是工党的议题。公共事业关系到人民大众，因此它绝对是保守党的议题"。

现代教育的愈益政治化，中外概莫能外。每个政党都会有其教育的党性原则，然而原则是会随时代和环境而变的，那些真正有生命力、能够促进社会发展的党性原则必然是与时俱进的。本期发表的程斯辉的文章，对半个多世纪以来，中国共产党三代领导人教育思想的发展作了分析，值得我们关注。

我们不能忘记马克思，不可忽略教育的党性。新发布的国家"十二五"时期各学科重点领域和重点研究课题，把马克思主义教育思想中国化列在教育学科之首，表达了一种导向。因为，"领导我们事业的核心力量是中国共产党，指导我们思想的理论基础是马克思列宁主义"。马克思主义活的灵魂，就是实事求是，就是与时俱进。在中国共产党九十年的历史中，曾经涌现过一个又一个红色教育家，期待更多新的红色教育家续写未来宏伟篇章。

空间的意蕴

庆 年[①]

汉堡大学对第三届中德高等教育论坛会场的安排，让所有出席论坛的中方代表感到意外，它不在汉堡大学主校园内，而在不太远的一处文化遗址———瓦尔堡楼。当我们走进这幢小楼以后，大家不禁同声叫绝：太妙了！这座小楼，原本是德国杰出艺术史家阿比·瓦尔堡（Aby Warburg，1866—1929）的住宅，1909 年他将自己收集的大量藏书搬到这儿，建成了心仪的图书馆。"富二代"瓦尔堡痴心于学术，宁愿将继承管理银行家产的权利让给弟弟，以换得购买想要的所有书籍的承诺。他宣称，任何一门人文学科都不应该受单一学科或学派的约束，并按照自己的学术理念，选择联想方式来安排图书排列的秩序。与其同时代的德国著名学者卡西尔把瓦尔堡图书馆阅览室里沿椭圆形

① 作者：熊庆年。文献来源：复旦教育论坛，2011，9(05)：1。

墙壁布置的书架比喻为"魔法师的一口气"。如今，我们围坐在这留着魔法师生命气息的阅览室中开会，仿佛置身于学术的时间隧道，与艺术史家对话。这里没有现代会议中心的敞亮和便利，却有着难以言说的静谧和厚重。会议间隙，大伙儿一次次顺着小楼梯，来到第二层半壁环墙书架前徜徉，体悟那19世纪德国大学学术精神的存在。

大学的空间是一种特殊的文化承载，它是一种精神的灌注，表达着某种追求；它是一种教育的诉求，蕴含着某种期待。在柏林洪堡大学，走进大学主楼大厅，迎面墙壁上镌刻着洪堡大学曾经的学生马克思的名言："哲学家们只是用不同的方式解释世界，而问题在于改变世界"。沿语录墙拾级而上，33位诺贝尔奖得主的照片呈现在二楼大厅，两侧走廊则挂着一幅幅大师的肖像。他们不只在叙述洪堡大学建校二百年来的历史，更在阐释探索真理的价值。在奥地利维也纳大学主校区，穿过主楼就是一个庭院，三面回廊，安放了不下百尊雕像，多普勒、孟德尔、弗洛伊德、贝尔、茨威格……勾勒出了这所有600多年历史大学的学术脉络，呈现了其自由、创新的独特品格。庭院中，三五成群的大学生，有站着的，有围坐的，在讨论着什么。也有独自一人，倚座读书的。看着眼前的情景，你会觉得走进了中世纪大学的风俗画。北京大学的陈洪捷教授感叹道：这才是大学！我们寻觅了一所又一所德国和奥地利的古老大学，一座雕塑、一块铭牌、一枚院徽、一片绿地，都会激起心中的涟漪。

大学是历史和环境的产物，空间的营造所记载的当然不只是人类进步的路痕和智慧的光亮，细细去解读，值得品味的还有很多很多。我注意到,无论在德国还是在奥地利,有历史的大学许多都坐落在市中心,要么贴着教堂,要么挨着市政厅。洪堡大学在柏林政治中心菩提树下大街的东头,建筑原本是普鲁士国王腓特烈二世为其弟海因利希王子所建的宫殿。洪堡大学由政府兴办,国王将王宫拿出来做校舍,可见其与政府关系一开始就非同一般。大学与政治的物理空间是近距离的,大学的精神空间是不是也与政治密切关联?洪堡说过:"国家不应当指望大学做与国家直接利益相关的事情,国家应当抱有一种信任感,让大学发挥真正的作用,大学不只是为国家的目的来工作,而应为一个更高的水平无限地发挥作用。"然而,他的主张似乎在其亲自创办的大学都没有完全真正地实现。我心中有一个很久未能解开的疙瘩:为什么在现代大学制度的发源地,崇尚科学精神、学术自由和大学自治的德国大学,在纳粹统治时期会沉沦为法西斯的帮凶?陈洪捷教授告诉我,纳粹统治时期德国大学的教授中80%以上的人认同希特勒的主张,把法西斯主义看作是德意志民族发展的正义之声。大学精神空间的失明,难道不值得我们去反思么!

没有体育，教育就不完整

庆　年[①]

不久前，国家体育总局和教育部发布 2010 年国民体质监测结果，情况表明，我国中小学生体质连续 20 多年的下滑趋势首次得到遏制，但大学生的体质下滑仍在继续。又见有教育部重点课题"提高学生体质健康水平模式的研究"的调查结果，"整体大学生的体质都在下降，2006 年开始的数据证明，一届不如一届"。而江苏省近期的一项调查显示，"大学生的速度、力量、耐力等素质指标都在下降，尤其是大学男生的下降幅度更大"，"在多数机能与素质指标的变化趋势上，大学生都不及中小学生"。

状况堪忧，何至于此？有人总结了几条，如大学到三四年级没有体育课、大学生"夜猫子"和"网虫"太多、大学体育场地和设施不足、学生自主组织体育活动水平低，等等。笔者以为，最根

① 作者：熊庆年。文献来源：复旦教育论坛，2011,9(06)：1。

本的还是理念有偏差。社会、学生方面暂且不论，就学校管理者来看，往往认为：体育只是强健学生的体魄，以及丰富学生的业余生活；体育对提高办学质量无足轻重。因此，体育摆不到应有的位置，"德、智、体"被割裂，全面发展实际变为片面发展。所以，要遏制大学生体质下降的状况，首先要在教育理念上有所匡正。

在理念上，一个世纪前的张伯苓先生就有极好的见解。他认为，"强国必先强种，强种必先强身"，主张"强我种族，体育为先"。早年创办南开大学时他就提出："南开学生的体质，决不能像现在一般人那样虚弱，要健壮起来。"如果说这种观点是出于对"东亚病夫"耻辱的一种激烈反应，那么，他晚年的观点则是一种教育理性的自觉。他说："教育里没有了体育，教育就不完全。我觉得体育比什么都重要，我觉得不懂体育的，不应该当校长。英、美精神即是体育精神，民主政治亦即是体育精神。体验过体育中的竞争、团结、合作以后，推行民主政治要有力得多。"张伯苓不是空头口号家，他在南开明确规定，凡百米跑、铅球、跳高和440米跑的成绩均要达到学校规定标准方为及格，并要求本校运动会要尽量使人人都能上场。他着眼的是全体学生素质的提高，"提倡运动目的，不仅在学校而在社会，不仅在少数选手而在全体学生。""运动员的品格，较比运动的胜利更为要紧；正当的失败比不正当的胜利更有价值。"

改善今日大学体育其实无需他求，好好学学张伯苓就行。倘若每一位大学校长都能像张伯苓先生那样看待体育，以体育为教育之本义，以体育为衡量学生成长之尺度，何愁大学体育不日新。本刊当期发表了王震、李竹梅的文章，他们认为，传统的大学体育过分关注了体育所改变的生物学目标——身体，而忽视了作为身体本体"人"的需求，进而提出，发掘大学体育的人文内涵，将大学体育纳入通识教育的视域，提升大学体育的品质。观点正确与否可以讨论，值得关注的是，他们对现代大学体育价值重新认识的认真思考。诚然，大学体育品质的改善不只在理念和价值层面，也涉及体育内容和形式的方方面面。如何适应时代和环境的发展，多样化地、个性化地开设体育课程和开展学生喜爱的体育活动，也需要深入探索。然而，理念是引领，没有正确的理念，就难有实质的进步。

提高质量是目前我国高等教育发展的核心主题。这里所讲的质量应当是学生全面发展的质量，而不只是智力方面发展的质量。高等教育质量是否提高了，大学体育水平、大学生体质状况改善应当是一个重要标准。"少年强则国强"，没有高质量的大学体育，没有身心强健的大学生，高等教育强国就是空话。

洞观"占领"

庆　年[①]

风雨又一年。对美国的大学来说,这一年注定不会平静。自2008年金融危机爆发以来,每年都断不了学生罢课,且活动愈演愈烈,触及面越来越广。2011年的学生罢课已经不止于抗议学费上涨,它们成为"占领华尔街运动"的一部分,"占领高校"搅动了全美几十所大学校园。教师也有参加抗议活动的,或为声援抗议活动,或为表达对大学现状的不满。更有离奇者,因学生不合作而罢课。据美国《赫芬顿邮报》11月23日报道,加州大学心理学教授乔治·帕罗特因上课时学生未按照惯例给他带零食而拒绝上课。帕罗特称,他让学生带零食是为了鼓励学生互相合作,39年来一直要求学生这么做。这虽然是个案,但是折射了"占领"之下高校师生的心理"裂变"。

---

① 作者:熊庆年。文献来源:复旦教育论坛,2012,10(01):1。

　　"占领"之所以成为风潮、形成为运动,绝非偶然,肯定有其深刻的社会原因。本刊当期发表了三篇文章,它们均从高等教育发展的视角探讨了"占领"运动的因由。我们期待有更多同仁来关注这一事件,不是幸灾乐祸地"隔岸观火",而是要深入探究其内在的矛盾性和影响因素,分析其可能对世界高等教育系统和环境产生的作用。因为在全球化迅猛发展、高等教育国际化不断延伸的历史环境下,任何国家的高等教育都不可能完全置身于变数之外,局部的危机很有可能演变为系统性的振荡、全球的连锁反应。

　　这么说并不是危言耸听,20 世纪 60 年代燃遍世界的大学生运动,就是明证。起初,在 1964 年,不过是美国一两所大学发生了学生抗议活动,后来蔓延到全美国,再蔓延到其他国家,至 1968 年达到高潮。高等教育的迅速大众化、普及化在高等教育内部形成的冲突和矛盾,以及反对越南战争、反对经济政策、反对两个阵营意识形态对垒,乃至中国"文化大革命"红卫兵运动的兴起等外部因素的共同作用,激起了大学生普遍的反叛和"革命"行动,酿成了长达七八年的世界性政治动荡。它不只对西方发达国家造成了冲击,对不少发展中国家也造成了巨大影响。

　　历史当然不会简单地重复,今天的"占领"运动较之于 20 世纪 60 年代的学生运动,时代背景、社会条件、现实矛盾都很不相同,是不是会卷起又一个巨澜还很难说。但我们不能不看到,高等教育的发展今非昔比,40 多年前它在大多数国家还只是少数人所接受的教育,今天已经成为一半以上年轻人成功的希望,被视为社会经济增长的基本要素、家庭和个人实现幸福的基本渠道。而高等教育公共投入的相对减少、资源配置市场化程度的不断加大、商品化要素的全面渗透，使得高等教育公共性日益流失，工具性愈益膨胀，内部学术传统日渐褪色，与外部的关系日趋紧张。高等教育在走向社会中心的同时，也被社会的政治、经济、文化因素所深深包裹和牵连。它更容易与社会其他矛盾发生"共振"，更容易因社会冲击而"受伤"，一旦有事，其颠覆性可能也更强。

前事不忘后事之师，这是历史的见识。不仅如此，我们还应当清醒地、理性地观察当下。今天美国大学面临的矛盾或许就是他国大学明天面临的困境。居安思危，未雨绸缪，方能立于不败之地。

大学制度建设与法治精神

庆 年[①]

春节过后,一则消息传来,南方科技大学通过了广东省教育厅"转正"评估,正努力争取教育部早日为其"去筹转正"。这则消息大概让南科大的老师们心定了些,尽管他们声称并没有很在乎南科大是否能发合法化的毕业证书,但毕竟"一个正常的学校还是需要有教育部的认证的",所以他们还是期望学校能完成批准正式办学的目标。这则消息可能也让关注南方科技大学"驶向何方"的人们稍稍松了一口气。自从校长朱清时高调申明要去行政化办学,筹建中的南方科技大学就被推到了舆论的风口浪尖。而去年一年,该校自主招收自授文凭学生、招聘副局级副校长、学生拒绝参加高考、香港科大团队退出、首届理事会组成等事件,更是众议鼎沸,一波未平一波又起。很显然,南科大

---

① 作者:熊庆年。文献来源:复旦教育论坛,2012,10(02):1。

改革触及了改革本身的正当性问题。

改革要获得其正当性,除了诉求要符合对象内在的本质要求,要满足外在环境的适应性要求之外,至少它自身还要具备法治意义上的正当性。即改革应当在法律与法规的规约之下,尤其要遵循一定的程序。不能因为实质的正当性,就忽略过程的正当性,更不能因为强调实质的正当性而容忍不择手段去达到目的。韦伯曾经把"形式上的合理性"看作是正当性起码的要求,认为"衡量决定的结果是否合理,主要取决于该决定过程是否切实遵循了一定的程序或按程序办事"。更有人声言,"正是程序决定了法治与恣意的人治之间的基本区别"。法治基本精神的一个要点就是,通过过程本身的正当来实现结果的正当。

不可否认,我国的教育法制还很不健全,法制环境还有待改善,这的确给高等教育改革带来了不少的困难,本刊当期发表的一组文章就从不同侧面反映了这一情形。然而,这不能成为不顾法制基本要求一味突进的理由,那样做的结果最终会损害改革的正当性,甚至于危及改革本身。毋庸讳言,"萝卜快了不洗泥"已经成为一些人的习惯思维,以为只要改革目的正当,就可以不惜代价去实现。而大量的事实证明,"萝卜快了不洗泥"的成本和风险是巨大的。在当今环境条件下,我们不可能要求法制健全了再去进行制度改革,恰恰需要在制度改革过程中去发现推进法制中存在的问题,通过建设性的变革去破除种种束缚,从而达到完善教育法制、改善教育法制环境的成效,实质地推进改革。

我国现代大学制度建设进入了攻坚阶段。完善中国特色现代大学制度，不光要有一往无前的改革勇气，更要有理性、科学的态度，要用法制的精神去建构。所谓法治精神，就是良法善治。亚里士多德说，"法治应包含两重意义：已成立的法律获得普遍的服从，而大家所服从的法律又应该本身是制订得良好的法律。"孟德斯鸠说，"在不违背政体的原则的限度内，遵从民族的精神是立法者的职责。因为当我们能够自由地顺从天然秉性之所好处理事务的时候，就是我们把事务处理得最好的时候。"或许这就是良法所应当具备的秉性。而遵从制度之治、规则之治、法律之治，摒弃人治，方可谓"善治"。用法治精神去健全和完善我国高等教育的法律法规体系，去促进改革，构建并完善现代大学制度，就能够真正为中国高等教育的腾飞奠定可靠基础。

章程体现软实力

庆　年[①]

　　不久前，知悉张国有教授主编的《大学章程》出版，立刻从网上订购了来。这是一套中外大学章程的汇编，全书五卷，实则七本。第五卷有三册，一千三百余页，全文翻译了剑桥大学的章程与规章。看着这皇皇巨书，实在佩服北京大学的同仁们，竟肯组织众多才俊，花费两年多的功夫，来为研制本校章程铺路。我不由得想起十年前一桩旧事，当时自己有意研究日本大学的管理制度，曾当面请求东京大学的金子元久教授，帮助复印一份东京大学的规章制度。金子元久教授闻之，良久未作回应。我不免纳闷，以前有求必应的金子元久教授怎么变得不爽快了？2004年日本国立大学独立法人化后，东京大学将规则集公开挂在了学校网页上，我花了半天多的时间，才把它们全部拷贝下来。此

① 作者：熊庆年。文献来源：复旦教育论坛，2012，10（03）：1。

时才明白,金子元久教授未率尔应承,是因为太多了。可恨时不我予,至今没有能够把这些规则都看一遍,更何谈研究。然而,这一境遇,却让我实实在在知晓了什么叫依法治校,什么是一流的大学的制度与管理。

国无法不治,民无法不立,任何一个组织都不能没有制度规范。公司要有章程,大学也当有章程,章程实际就是这些组织的大"法"。然而,法律法规也好,组织规程也好,本质上是约束和限制权力的,掌握权力的人们并不是都甘愿受此约束的,于是就有了法治与人治的区别。历史证明,没有约束和限制的权力是危险的,权力如果不受约束和限制,不仅易于造成失序和损失,铸成错误和灾难,而且必然导致不公和压迫,甚至导致腐败和犯罪。现代社会崇尚法治,是文明的进步。如今,人们更加意识到,法治化程度决定了现代国家的竞争力,制度化程度决定了现代组织的竞争力。哈佛大学教授约瑟夫·奈在20世纪末提出了"软实力"的概念,原本应用于国家综合国力分析,指文化、意识形态、制度和外交的影响力。他认为,资源、经济、军事和科技等硬实力是有限的,真正具有无限力量的是软实力。后来人们推而广之,把它运用于一般社会组织的实力分析,包括大学,强调文化与制度对于组织发展的核心价值。看看那些世界一流大学,哪一所不是有着明文大"法",哪一所不是有着系统而绵密的制度规章。从一定意义上说,中国大学与世界一流大学的差距,不只在缺少大师,不只在缺少知识创新,更在于文化与制度的缺失,在于软实力落后。

大学制度具体表现为大学行为的规则体系,而大学章程则是这一体系的核心与灵魂，所以，推进现代大学制度建设以制定章程为龙头，是顺理成章的事。不过，人们须明白，制定章程，绝对不可以简单从事，草率从事。照搬国外大学的条文、照抄国家法律规章，于事无补。只要翻翻五卷《大学章程》就会略知，各国大学章程不离其本国法律之体，各大学章程不脱其本校文化之核与气质之精，而与时俱进地变更和修订自不待言。即便牛津剑桥，同在英伦，同为老牌，同样体制，制度却各有千秋，变革亦持续不断而各循其可。世界上没有抽象的、一成不变的、普遍适用的现代大学制度，制定章程没有现成可抄的蓝本，一定得因地制宜、因时制宜。由于历史的曲折，我国现代大学制度建设所承载的内容、所面临的挑战非同一般。人们不是诟病"行政化"么，制定章程其实就是去"行政化"的一条可行途径。学术权力只有科学而充分的制度保障，才能得到应有的尊重和合理的行使，才不容易被侵蚀。大学章程是要管用的，不是做摆设的。因而，制定章程需要潜心地研究，从实际出发，解决问题。本期我们刊发了几篇研究大学章程的文章，期待有更多的同道属意于此。

教学之为学术申

庆 年①

明确把教学作为学术,大概始自欧内斯特·博耶(Emest LI Boyer)。1990 年他的《学术反思——教授工作的重点领域》出版,认为"古老的对'教学与研究关系'的讨论已经过时,给予我们所熟悉的和崇高的术语'学术'一个更加广泛、更有内涵的解释的时候已经到来,它将能够给大学教师的全部工作以合理性。不错,学术意味着从事基础研究,但一个学者的工作还意味着走出单纯的问题研究,寻求问题间的相互联系,在理论与实践之间建立桥梁,并把自己的知识有效地传授给学生"。他提出,"教授的工作应该包括四个不同又相互重叠的功能,即发现的学术、综合的学术、应用的学术和教学学术。"博耶后来担任了美国卡内基教学促进基金会第七任主席,他不遗余力地宣传其主张,推动

① 作者:熊庆年。文献来源:复旦教育论坛,2012,10(04):1。

了美国大学教学学术理论与实践的发展。

博耶逝世后，其继任者李·舒尔曼（L. s。Shulman）对教学学术的基本特征进一步作了论证。他认为，"教学之所以能够成为学术，主要是因为以下两点：第一，从过程上说，实践教学学术的过程是和科研一样的，它都要经过问题的选择、查找与问题有关的相关资源、确定解决问题的方案，实施解决方案，并对得到的结果进行分析和反思；第二，教学学术的成果也同科研一样，具有将成果公开、交流、评价和建构的特点，因此教学应当被视为学术的一种。"之后，不断有研究者就教学学术的内涵与外延展开探讨，虽然现在还没有达成共识，甚至还有排斥者，但是教学学术在美国大学走向制度化却是有目共睹的事实。

有人不承认教学为学术，或者不愿将教学作为学术，原因之一，恐怕是没有认识到教学学术对发现的学术的意义。实际上，教学的学术有益于发现的学术。孔夫子早就说过"教学相长"。青年学生正处于创造性思维勃发期，勇于批判，锐于求新，若能很好激发他们的积极思考，就会迸发出新思想的火花。在具有学术品质的教学过程中，教师并不只是知识输出，更是创新的滋润。美国国家科学院前主席布鲁斯·阿尔伯特曾经指出，当学生与教研人员共同进行探索的时候，"观念的偶然撞击"的机会就会大大增加，这对于教师的持续创造力十分必要。不仅如此，学生的出现为打破教师间的知识壁垒起了"润滑"作用，这对于教师的创造力同样不无裨益。所以，"教学和出版成果一直是不能截然分开的两个部分"。

不把教学看作学术者，也有的是教学思想落后，囿于传统的教学论观点，注重知识灌输。而教学学术是建立在现代知识论和学习论基础之上的，认为学习即探索，犹如研究即探索。它强调知识习得的建构性和学习的主体性，主张建立"教学共同体"，因而要把"学生作为接受者的文化转变为一种学生作为探索者的文化，一种教师、研究生、本科生共同进行探索之旅的文化"。形成这种文化，按照舒尔曼的说法，需要将教学从"个人财产"转变为"共同体财产"，造就功能性的共同体。做到这一点，不仅要有正确的观念，更要有思想境界。毋庸讳言，教学可否为学术，大学的评价是最后的指挥棒。教学学术实际上是为学生的学术，大学的领导者如果真正以学生为本，就得用好评价这根指挥棒。

教学之成为学术的一部分，与博耶的倡导、舒尔曼的助推固然是分不开的，其实也是一种历史的必然。在知识急速膨胀的时代，在高等教育大众化、普及化的条件下，教学与研究如果还停留在传统的分割状态下，教学如果不能成为学术的有机组成部分，大学就不能很好地实现其功能。现今的中国，高等教育已经进入后大众化阶段，质量之求迫在眼前，教学学术蓄势待发。期待同仁们努力前行，奋发有为。鄙刊将为教学学术的破土而助力，共同耕耘一块希望的园地。

诚哉斯言

庆　年[①]

8月9日,收到华东师范大学寄来的讣文,告瞿葆奎先生7月30日辞世,遵照瞿葆奎先生遗愿,丧事从简,不开追悼会,不举行遗体告别仪式。心里顿时一沉,悔未早去拜望这位复旦大学前辈校友。然而,更让笔者心若撞击的还在瞿葆奎先生生平简介之文,有云:瞿葆奎先生认为,"自己没有'独立之精神,自由之思想',不是一个教育学者,只是一个教育学工作者";"六十年来,在教育学的教学和探究上,读读书,教教书,编编书,本本分分,平平常常"。

未知他人读来作何感想,笔者观之,良久不能语。瞿葆奎先生1947年毕业于复旦大学教育系,留校任助教。1951年华东师范大学建校,根据教育行政部门的决定,复旦大学教育学系整体

① 作者:熊庆年。文献来源:复旦教育论坛,2012,10(05):1。

转入华东师范大学，以此为基础组建教育学系。瞿先生亦随之转往华东师范大学任教，六十余年辛勤耕耘不辍。中华人民共和国第一种教育科学学报、第一本教育学教材，其中都有他的心血，学术建树有目共睹。尤其改革开放以来，先生坚韧前行，为构建本土化的教育学理论体系而不懈努力。领衔主编《教育学文集》《教育科学分支学科丛书》《20世纪中国教育名著丛编》，皆几十册皇皇巨篇，铺就了三十多年来中国教育学理论发展的路基。若论业绩，仅就这数套丛书而言，先生之功即可彪炳一代。若论头衔，国内教育学界同辈出其右者概无几人。然而就是这样一位人们视为"大家"者，自谓当不起"学者"之名，怎能不令人心惊。其云不称，我等何谓？

或以为这只是"大家"的谦虚，笔者以为谦虚固然有之，但切不可只作如是观。先生之言，字字真心，句句赤诚。犹如巴金说自己不是作家，季羡林说自己不是国学大师，皆缘于知识分子的理性人格。瞿葆奎先生早在"中国教育学科的百年求索"一文中就指出，"在20世纪的百年中，中国教育学科在异域理论的'驱动'下，在其他学科的'挤压'下，在意识形态的'控制'中艰难行进，努力挣脱依附的生存处境，谋求自主的发展空间"，有过许多的进展，但也有过曲折、停滞、中断，原因"之一也许就是，缺乏学术上的自由氛围和独立精神"；"教育学科不能简单地、完全地附和社会现实的需要，不能仅仅一味地为社会现实提供辩护，而要从'学术自由'或'学术独立'的角度，坚持对社会现实的理性批判。这种批判是一切社会学科良性发展的条件。"先生之言，饱含对学术的敬畏、学术人格的追求，是用自己的方式在表达对时代的自省,表达对现实的反思。

新加坡的郑永年教授认为,当今中国高等教育最缺的是专业主义,"专业主义的本质就是知识为了知识,知识的目的就是为了更多的知识,教育是要解放人的个性,培养独立精神,释放人对各种事物的好奇心,从而激发创造"。高等教育改革的目标只有一个,那就是专业主义的产生和发展,专业主义应当是教育哲学的核心。"如果中国知识分子要创造负责的知识和思想体系,知识分子的'去三化'是前提,即去政治权力化,去经济利益化,去思维被殖民地化。这'三化'也是中国真正确立自己的社会科学的前提。"对此,笔者深以为然。真正的"学者",就应当是专业主义的。在瞿葆奎先生眼中,"学者"之称神圣。相信复旦大学校歌——"学术独立,思想自由,政罗教网无羁绊",在先生的脑海中留下了深深的烙印;相信复旦前辈校友陈寅恪所标举之"独立之精神、自由之思想",已经深入先生的骨髓。自道非"学者",表达了一种历史的自觉,更表达了对未来的期待。斯人已去,我辈当遵信真言,奋勇前行,以告慰前贤。

最好的纪念是反思

庆　年[①]

　　《复旦教育论坛》出刊至本期,整整满六十期了。历经十年风雨,破土而出的小苗,如今枝叶摇曳,婀娜多姿,烂漫可观。我们有欢欣,有鼓舞,当然更有期待。期待她虬干舒展、枝繁叶茂,期待她花韵凝香、硕果累累。

　　有期待就要有反思,因为期待是面向未来。面向未来的发展与挑战,需要省思已经走过的路,需要检点不足与教训。没有心灵的自省就不会有完满的期待,没有深刻的反思就不会有灿烂的未来。未来我们能够走多远,取决于今天的反思有多深。

　　我们需要反思,追求是否纯粹。面壁扪心,十年前行,孜孜以求,究竟为何? 是学术,是声名,还是利益,抑或兼而有之? 虽然我们可以毫无愧色地宣称,办刊十年,未谋私利,未有交易,不

① 作者:熊庆年。文献来源:复旦教育论坛,2012,10(06):1。

走歪门邪道,以品质去赢得学人学界的信赖。但是,任何人对利欲并没有天然的免疫力、抵抗力。我们要坦率地承认,对世俗的欲求并非完全没有动过心。好在自由的意志终究战胜世俗的杂念,对学术的理想追求终究驱散作祟的迷茫。有戒于此,日后当时时警惕,常为自省,坚守信念,以致远大。

我们需要反思,行为是否正当。学术期刊乃社会之公器,办刊者应有求真求善之品格。然而,试观当下,利欲喧嚣,学术异化,功利长驱,本来作为学术文献收藏指南的核心期刊目录也被严重地工具化、功利化了。十年前,办成核心期刊曾经是我们初始的目标之一,其中不无追求上进之意。今日躬省,成为核心期刊非为本质追求。应当警醒,防止为保住核心期刊名称而放弃原则,为靠拢评刊标准而改弦更张,为提高引用率而不惜作伪。面临汹涌而来的追逐期刊名利的狂潮,我们当坚持职业操守,不辱学术使命。

我们需要反思,精神是否独立。独立思考,自由探索,是学术事业的灵魂所寄,也应是学术期刊的基本信条。创刊之初,我们即抱定宗旨:紧密联系中国高等教育的实际,反映改革和发展的新进展,反映理论探索的新成果,推动教育研究学术的繁荣。我们努力营造勇于批判思考的氛围,重视发表敢于直面现实问题的作品。强调"顶天立地",有思想,有理论,有问题,重实据,力戒"不着天、不落地"。刊载了不少优秀作品,产生了良好的学术影响。但是,要实事求是地看到,在我们的刊物中,思想者非众,争鸣者鲜见。我们不时还会左顾右盼,斟酌再三。摆脱羁绊,尚需努力。

　　我们需要反思，境界是否高远。学术贵在创新，期刊要在发现。细细思忖，春秋十载，无不为之竭精殚思。创刊之日，即宣言"不拘于位，不限于衔，不泥于业，唯识是取"。同侪恪守其诚，坚定不移，至今不违。若说"只求新见，不求完美，唯实是崇"，则犹有未备，标新立异者凤毛麟角。究其原因，我等学养有待提高，境界有赖提升。发现要有宽阔的视野、深厚的学识、敏锐的眼光，更要有包容的胸襟。于此尚需历练习修，尤其需要广延良师，敦请伯乐，聿新制度，以免偏见与独断，克服求全责备。

　　……

　　需要反思者多，何止前所胪列。杨振宁先生曾为首刊题辞："学无止境"。办刊亦是，追求卓越就意味着不断地学习。创刊十年，上下求索，甘苦自知。反思就是最好的学习，不断反思，才会不断进步。真诚地欢迎广大作者、读者不吝赐教，帮助我们深刻地反思，以此来庆贺我们共同的园地——《复旦教育论坛》十岁生日。

春信一枝且细看

庆　年[①]

　　莫言从斯德哥尔摩回来了,捧回了诺贝尔文学奖。一个多月来围绕莫言获奖的新闻狂潮浪花渐平。也不知什么时候起,中国人有了诺贝尔奖情结。据说,在 1999 年,华裔诺贝尔物理奖得主杨振宁先生曾经预测,未来 20 年内中国本土会出现可获诺贝尔奖的科学家。所以,本世纪以来,每年到诺贝尔奖公布时,总会有人问：中国离诺贝尔奖有多远。问得多了,也未见有获奖迹象,于是乎有人愤愤然声言杨氏预测是忽悠。这回,莫言真的获得了诺贝尔奖,虽然是文学奖,而不是科学奖,并不能验证杨氏预测,但是不管怎么说,总是一个好兆头,给了有诺贝尔奖情结的人们一个很好的心理抚慰。

　　2010 年 10 月,在当年诺贝尔奖公布的前夕,有一位网友曾

---

① 作者：熊庆年。文献来源：复旦教育论坛,2013,11(01)：1。

发过一个帖子：为了科学，请忘记诺奖。他写道：探索未知，造福人类，才是科学家的任务，相信没有一位诺贝尔奖获得者是为了获得诺贝尔奖才做科研的。此言极是！我们要稍加补充：为了知识和文化的创造，请忘记诺奖。获诺贝尔文学奖之前，莫言就屡屡表示，诺贝尔奖跟作家的写作并没有多少关系，没有说哪个作家非要努力创作来迎合这个奖，个人发奋要得什么奖，是不可能写出好小说的，"忘掉所有的奖项是所有作家最好的选择"。这并不是阿Q式的自慰，而是心灵的自觉。知识和文化的创造，终极目的不是为了获奖，而是人类福祉。现实的目的也不是为了获奖，而是生活的需求、人的本性的需求。好奇、兴趣、攻坚克难、更高的表达、解决问题……才是创造力的源泉。而脱离本质和违背规律的种种努力，其结果只能是南辕北辙，于真正的创新、创造无涉。

北京大学饶毅教授在谈到2012年诺贝尔奖时认为："比起创新，我们更缺认真执着。"他用日本生命科学发展的事实说明："只靠、或主要靠认真执着，也可以做出重大科学成就，也可以领先世界"；"高度的创造性，可能只是少数人能做好，我们应该有环境发挥他们的作用；而认真执着，是大多数人都不难努力就可以做到的。所以，也许我们国家目前情况下首先和普遍要追求的应该是认真执着。"饶毅教授说得很实在、很在理。认真执着是一种品格、一种精神，有这种品格和精神，才会有创新和创造。中国古代曾经有龟兔赛跑的寓言，龟胜兔败，胜者在执着坚持，败者在心浮气躁。2012年诺贝尔生物奖得主之一，英国科学家约翰·格登的成长经历，也说明了认真执着的精神价值。这位

79 岁的老人 63 年前在生物课上排名全班倒数第一,并且被授课老师评价为"非常愚蠢"。但他痴迷不改,试想揭开毛毛虫孵化成飞蛾的秘密。就是这样一个被认为"连基本的生物学知识都学不会,想在这个领域有所成就完全不可能"的人,后来不仅在牛津大学拿到了生物学博士学位,而且"革命性地改变了我们对细胞和组织发育的认知",作出了杰出的科学贡献。那份糟糕的中学成绩报告单,至今被显眼地挂在约翰·格登办公桌的正上方,它似乎给了约翰·格登一些特别的动力,使得他能够持续地坚守自己的追求。我们应当想到的是,教育如何培养这种认真执着的精神,如何去关怀那些"愚蠢的脑袋"。

莫言从斯德哥尔摩回来了,"莫言热"会不会如莫言所言,一个月就退去,无关紧要。紧要的是,我们能不能从一年又一年的诺贝尔奖中得到点什么启示,能不能从莫言身上看到真正的光芒。见到过几本总结诺贝尔奖获奖"规律"的书,它们似乎想为人们提供某种启迪。愿望是善良的,可告诉人们的有时并不是内在的精神实质,而是如何去争取获奖,走到追逐功利的老路上去了。唯愿莫言获奖带来的不只是心理慰藉,而是更多的思考,是知识和文化创造的本真追求。

桑榆生辉待彩霞

庆　年①

　　1999年某日,同事探问,有日本研究高等教育的博士研究生求访,是否接待。"有朋自远方来,不亦乐乎",欣然应允。到访之日,未料来者竟是一位头发花白、满面皱纹的老妪,不免诧异。细谈方知,老人受过高等教育,中年丧偶,承夫之业,经营书店以维持家计,直至儿辈大学毕业成家。晚年无生活之忧,遂再次走进大学,以圆研究教育旧梦。一年又一年,她从硕士读到了博士,正在打算撰写有关中日高等教育比较的学位论文。告白无华,闻之动容。2003年末,笔者到日本任客座教授,见各地社区生涯学习馆所林立,老人学习者居半数;而大学则普遍向社会开放,社会人求学蔚然成风,其中不乏老者。由此深深体验到,在日本终身教育思想深入人心,学习型社会不为虚言。

---

① 作者:熊庆年。文献来源:复旦教育论坛,2013,11(02):1。

　　本期发表了杜作润和俞可两位的文章,内容涉及老年高等教育,目的在引起学界与世人关注。我国正处于经济与社会发展的加速转型期,各种社会问题凸显,人口老龄化即为其一。"未富先老"的严峻挑战不仅考验社会的良心,而且考验政治的智慧。不久前,读到竺乾威、朱春奎主编的《中国政府建设与发展报告 2012——包容性发展与政府建设》,颇有感悟。按照该书所言,所谓包容性发展,是不同国家、民族与公民共同发展、平等参与、成果共享的发展模式。包容性增长的核心,就是让所有的人都能参与到经济社会发展进程中,共享经济社会发展的成果,为所有的社会成员提供平等的机会,消除社会阶层、社会群体之间的隔阂和裂隙。依愚之见,实现包容性增长,达成社会包容性发展,建构满足社会各群体需求的教育体系,乃应有之义。依此之理,老年教育当在现代教育体系中占有一席之地。在我国高等教育大众化后的今天,发展老年高等教育显然也应成为教育政策的一个重要议题。《国家教育事业发展第十二个五年规划》提出,到 2020 年要基本实现教育现代化,基本形成学习型社会。文件有一句提及"办好老年教育机构",轻重可见。

　　发展老年高等教育,很重要的是破除狭隘功利主义的观念。人们提到学习、提到教育,总是与实际的功用联系起来。在一些人心目中,"年纪大了,学那么多有什么用?"2006 年,天津 58 岁的全正国考上昆明理工大学,许多人不解,有的网民甚至认为,她不该占用有限的高等教育资源。时至今日,虽然对老年人参加高考、入大学学习表示理解的人越来越多了,但是,老年人进普通正规大学学习仍属稀罕,参加学历教育障碍重重。目前社会上为数不多的老年教育机构，主要面向部分老年人休闲养生之需，层次不高，功能有限。即便如此也是非常稀缺，远远不能满足需求。其实，老年高等教育最重要的功能，并不在于生活实用功利，而在于生命价值的升华。对于特定生命阶段的人群而言，精神层面的愉悦和观照会使他们更好地品味人生的意义。老年人生存品质高了，才会有真正的社会和谐。

我国老年高等教育未兴，反映出终身教育的理念在社会还没有获得普遍认同，学习型社会的建构还缺乏富于远见的价值目标、系统思考和科学战略。因为一个真正意义上的学习型社会，学习必定超越狭隘的功利目的，而成为所有人的基本生存方式，教育必定贯穿人的生命的各个阶段。如果有一天老人可以自由进入各类大学接受教育，相信离教育现代化、学习型社会也就不远了。

善建言者智

庆　年[1]

　　20 世纪末以来,我国高等教育规模快速扩张,与此同时,高等教育研究队伍也在迅速壮大。仅从硕士研究生培养来看,20世纪 90 年代初全国高等教育学硕士点二十余个,在校研究生近百人;时至 2010 年,硕士点近一百个,在读硕士生超过两千人。随之而来的是,高等教育研究的"产量"剧增。中国知网 1979 年至 2012 年收录的期刊论文中,"高等教育"研究类的记录有七十二万七千多篇,其中 2001 年以后的记录为五十七万七千多篇。换句话说,79.4%的论文是进入本世纪后生产出来的,12 年间平均每年生产四万八千多篇。队伍的壮大和论文产出量的增加,本该是件令人欣喜的事。然而我们需要冷静地思考一下,高等教育学科的学术是不是真的"繁荣"了? 这些期刊论文究竟贡献

---

① 作者:熊庆年。文献来源:复旦教育论坛,2013,11(03):1。

了多少新知识？又有多少成果对高等教育实践产生了实际的影响？

高等教育学作为学科或者作为知识领域，本质上是应用性的。如果这个判断能够成立，那么高等教育研究的大部分成果就应当是能够对高等教育实践产生影响的。用通俗的话讲，它们应当是"有用"的。最直接的一个用途，便是向政府政策制定者、高校管理者建言献策。可现实中我们不难看到，巨量的高等教育研究成果中真正能为政府、学校采纳的少之又少。此种尴尬，是由于研究的消费者——政府和高校——不善纳言，还是由于研究的生产者——学者——建言无当，或是兼而有之？吾侪不可不思。

主政者是否善纳良言，执事者是否从谏如流，此处姑且不论。若就学者建言观察，确有值得思量之处。在诸多的高等教育研究成果中，有多少是出于忧心事业之思，有多少是琢磨教育发展之精微，又有多少是为其他目的而制造的"敲门砖"？出以公心之诚、得自体察之纯，乃有思虑之真。建言首先得是真言，有立意之诚，有专注之纯，方有真言。前贤说得好，"铁肩担道义，妙手著文章"，担道义是前提。若"著书都为稻粱谋"，哪怕手再神妙，做出来的文章难免无病呻吟。清代名臣曾国藩说过："建言者当设身利害之中"。意思就是建言者要设身处地为对象着想，所言才能切中要害。

当然，建言光有真诚、纯粹还不够，还需要进言之善。研究要科学、要理性，要有的放矢，要言之有物，要有前瞻性。学术一点说，高等教育研究一定要提倡以事实、数据为依据，提倡科学的方法论和遵循学术范式,力戒主观空论,力祛浮泛虚妄,力避"事后诸葛亮"。直白一点说,如果我们提出的主张主政者不以为然,掌校者不以为然,教师不以为然,就失去了其价值。最近在报上读到胡鞍钢教授的一句话:"批判很容易,建言很难,把建言变成政策更难",深以为然。当下的高等教育研究,批判现实的多,应然分析的多,主观思辨的多,实然的研究少,科学的研究少,富有建设性的成果少,能够转化为政策的更少。把建言转化为政策,除了要有服务国家、社会、事业的胸怀,还要有实事求是的科学精神,有洞察大势的前瞻眼光,有不折不挠的意志和把握进言机遇的智慧。

当前,贯彻落实《国家中长期教育改革和发展规划纲要(2010—2020年)》正在趋于深入,遇到的问题也更加复杂和深层,迫切需要教育研究者贡献真知灼见。本期"对重启教育改革议程的思考""试析依法治校的基本特征""教育对于跨越中等收入陷阱作用机制的实证研究"诸文,提出了今后教育改革与发展中的若干重要的问题,希冀引起关注。期待有更多的良言善策为世所用。

跑在大数据时代的前列

庆　年①

时下,"大数据"已经从 IT 行业的流行语演变成了社会舆论中的时髦语,人们争言大数据时代的来临,细察大数据发展的脉动,纵论大数据运用的前景,唯恐错过了这趟时代的高速列车。麦肯锡全球研究院指出,在当今社会,数据正在成为与物质资产和人力资本相提并论的重要生产要素,大数据的使用将成为未来提高竞争力的关键要素,大数据是世界下一个创新、竞争和生产力的前沿。哈佛大学教授加里·金更是极言,大数据是一场"革命",它将改变社会各个领域的发展方式和进程,"无论学术界、商界还是政府,所有领域都将开始这种进程"。

大数据真的是一场"革命"么?如果是一场"革命",那么它对大学来说意味着什么?近日,一条"华师大少女减肥减出人文

① 作者:熊庆年。文献来源:复旦教育论坛,2013,11(04):1。

关怀"的微博在网络上吸引了众多眼球,也引来了报纸、电视等媒体的追踪报道。事件起因是华东师范大学一位女生节食减肥,很少在校内用餐,学校通过困难生预警系统察觉到其饭卡消费值较低,便发送了一条短信,询问是否有经济困难,是否需要帮助。这位女生收到短信,感到非常温暖,便发了一条微博,结果被网友纷纷转发。网友们称赞学校"通过对数据的挖掘、应用,更贴心地服务学生、关爱学生","让冰冷的数字有了人性美"! 这一事件至少告诉人们,大数据为大学管理的精细化服务提供了工具。其实何止于此,大学的方方面面,哪儿不能借助大数据来提高效能? 只要稍微发挥一下想象力,我们就能胪列出大数据的各种用途。比如,通过大数据运用,大学可以更好地了解社会对高端人才的多样需求;通过大数据运用,教师可以更清楚地把握知识创新的走向,更准确地判别社会生产的知识需求;通过大数据运用,师生可以更容易地实现知识的共享,更便捷地展开交流与合作;通过大数据运用,教师可以更加个性化、更加有效地展开教学活动,学生可以更加自主、更加方便地进行学习……

如果大数据是一场"革命",那么它首先应当是观念的"革命"。因为它挑战的不只是数据的技术、容量、分析和运用方式,不只是企业的生产形态和商业模式,而是整个社会的理念、传统、行为、生产和生活方式。数据只是一种物质的存在,数据的价值是人所赋予的。大数据将挑战人们对知识和智慧的已有认知,挑战人们对现行人才标准的看法,挑战人们对现有学习方式和教育形态的认识,挑战当下社会知识生产、传播和运用的方式,挑战现存的社会伦理和道德。有人说,大数据之"大",并不在于其表面的"大容量",而在于其潜在的"大价值"。而一涉及价值,就不可避免地存在观念的冲突。目前还在持续发酵的"棱镜门"事件明明白白地告诉世人,大数据背后有"战争",数据作为企业资产,其公共性价值究竟应如何利用,斯诺登究竟是爱国者还是叛国者,缘于不同的价值理念会得出不同的答案。大数据带来机遇的同时也会带来大风险,带来价值与文化的巨大考验。对此,大学准备好了没有?

要而言之,在大数据时代,大学不应当只是大数据的顾客、消费者,大学更应当是大数据的设计者、生产者、引导者和社会正义的维护者。面对这场没有硝烟的"革命",大学不仅要借助大数据的威力提升大学的竞争力,而且要立足于更高的境界,去努力拓展大数据的美好前景,促进大数据的社会正当应用,加速知识创新和传播;要着眼未来,努力培养大数据时代所需要的新型人才;要深入研究大数据给社会生产、生活可能带来的问题,引领社会的健康、和谐发展。一句话,大学要跑在大数据时代的前列。

"释菜"新语

庆　年[①]

　　九月，是新生的季节，是欢欣的季节，是希望的季节。开学了，新生们走进学校，欢天喜地，开始新生活。家长们在心里埋下希望的种子，新生们在脑海里憧憬美好的未来。隆重的开学典礼，校长的殷殷献辞，教师的谆谆海言，学长的切切心语，会把人们的情绪点燃。在中国古代，开学典礼就是崇圣拜师的大典。《周礼》中的"释菜"之礼，为历史所沿袭。有两首唐诗可窥当时太学开学仪典之盛。其一："肃肃先师庙，依依胄子群。满庭陈旧礼，开户拜清芬。万舞当华烛，箫韶入翠云。颂歌清晓听，雅吹度风闻。"其二："太学时观礼，东方晓色分。威仪何棣棣，环珮又纷纷。古乐从空尽，清歌几处闻。六和成远吹，九奏动行云。"何其美哉！何其壮哉！

---

① 作者：熊庆年。文献来源：复旦教育论坛，2013，11（05）：1。

仪式是价值的宣示，是崇尚的礼敬。荀子有曰："国将兴，必尊师而重傅；国将衰，必贱师而轻傅。"是否礼遇教师可见一国之兴衰。有礼有则，人不敢轻，教师便有尊严。进入现代，我国入学典礼废"释菜"而改西式，固世势使然，自有其合理之处。然而礼贤尊师的意味渐褪去，却不能不说是遗憾。师道尊严不彰，于世大损。十年"文革"，将教师打翻在地，再加上一只脚，斯文扫地，留下了极为惨痛的教训。所以，小平同志在"文革"结束之初，反复强调，"尊重知识，尊重人才"。1985年，全国人大常委会通过议案，确定9月10日为教师节。教师们扬眉吐气，为之振奋。每逢佳节，学生为念，同仁相庆。二十多年过去了，人们发觉，如今教师节的"节味"越来越淡。如果不是收到学生的贺卡或鲜花，或者学校"来点慰问，发点福利"，很多教师可能记不起自己的"节日"。

仪式的功能就在于它赋予对象以神圣性，让人们对它产生敬畏。师之所存，道之所存。在物欲横流的社会中，大学更需要坚守自己的信念。曾经担任英国剑桥大学副校长的著名教育家阿什比，就曾经提议为大学教师制定一个"学术职业的希波克拉底宣誓"，这种"公开宣誓的职业道德准则"将"建立在'学问具有一种内在的正直'的信念基础上"。这项倡议得到了不少人的赞同。用仪式来升华精神追求，安顿我们的灵魂，其实很有必要。假如中国有哪所大学真的把"阿什比准则"宣誓付诸实施，那么相信这所大学一定会成为出类拔萃的大学，一所有价值的大学，一所值得公众信赖的大学。因为仪式是大学理念的外在表现。

仪式是一种组织文化，它塑造价值和文化的认同。仪式不只存在于节日,也存在于日常。不久前,有几位教授朋友告知,退休了,收拾物品,搬出办公室,没有道别,没有欢送,冷清离去。境遇同一,令人唏嘘。笔者想起在日本一所著名大学所见为退休教授举办的"退官仪式",有机构负责人的致辞,有退休教授的感言,有学生的献花,有同事的拥抱,有亲属的陪伴。正式、简朴而隆重,与会者无不动容。想必在场者都能深深体会到当教授的荣誉感,体会到作为大学一员的归宿感。

　　没有仪式的节日很难让人记住它的存在。这不是鼓吹形式主义,而是期望神圣性的恰当表达,期望心灵的滋养。教师节是教师的节日,如果有仪式来承载教师职业的神圣性,如果有盛典来安抚教师疲惫的身心,相信不会有那么多的教师感到职业倦怠,不会有那么多教师忘却自己的节日。人们常说,投资青年就是投资未来。我要说,投资教师就是投资未来的源泉。大学不光要关注学生的成长,满足学生的要求,也要关注教师的发展和要求。投资不只是物质的,更要有精神的。

旧话重提

庆 年[①]

四年前,我为《大学(学术版)》杂志写过一篇短文,题目叫"敝帚且自珍"。主要针对教育发展的"中国模式"问题,发表了一点看法。最后一段话是这样的:"要紧的是我们要跳出虚无主义、拿来主义的思维框框,要从实际出发去探索,实事求是地去创造。创造不是凭空的,而是根基于中国的文化,落脚于中国社会的土壤。敝帚自珍,才会有不竭的文化资源。从实际出发,非唯美国马首是瞻,就会有无尽的广阔空间。"今天来看,自以为这话还立得住。对历史的尊重,对文化的自信,是国家和民族发展的思想基础,也是教育改革和发展的思想基础。这个看法并不见得有什么新意,只不过是现实语境下对时弊的一种反映。

最近,人们在纪念毛泽东诞辰 120 年。对这位直接影响中国

---

① 作者:熊庆年。文献来源:复旦教育论坛,2013,11(06):1。

半个多世纪的历史人物如何看待,对他的教育思想如何认识和评价,我以为也有个尊重历史发展、科学理解其思想价值的问题,也有如何继承其思想和文化遗产的问题。本刊这期发表了王洪才、张乐天两位教授的相关文章,就是想促进更深入的学术思考,从而为中国教育改革与发展的深入提供可资借鉴的思想资源。

毛泽东作为思想家、革命家,有独特的教育价值观。"文革"中有人将毛泽东神化,冠以"伟大的导师、伟大的领袖、伟大的统帅、伟大的舵手"的名号,据说毛泽东只勉强认了"导师",说自己是当教员的。如果说这是一种角色认同的话,或许可以表明毛泽东对教育社会功能价值的某种认知。有史料证明,1920年10月,美国哲学家、教育家杜威在长沙作演讲,毛泽东是特邀记录员之一。1921年8月,毛泽东、何叔衡在湖南创办自修大学,其目的乃"鉴于现在教育制度之缺点,采取古代与现代学校二者之长,取自动的方法,研究各种学术,以期发明真理,造就人才,使文化普及于平民,学术周流于社会"。这两件事之间是否有联系,不敢妄断。不过蔡元培先生对这位当时无名小辈的创举表示了高度赞扬:"合吾国书院与西洋研究所之长而活用之,可以为各省新设大学之模范者"。事实上,毛泽东在其追求真理、探索革命道路的过程中,无不伴随着对教育的思考和对教育工具的运用。王洪才教授称毛泽东是解放教育学的先驱,有一定道理。

一个多世纪以来,教育强国曾经是无数先贤的梦寐之求,毛泽东只是其中杰出的代表之一。中华人民共和国成立以后,毛泽东与他的战友们在教育发展问题上有过种种思考与探索，有开拓和创新，也有曲折和教训，可圈可点。在"敝帚且自珍"一文中，我曾经提到江西共产主义劳动大学的创办。对这种半工半读、理论与实践相结合、学习与应用相结合、教育与产业相结合的办学形式，当年毛泽东曾亲笔写信表示支持，朱德、周恩来等为之题词，刘少奇、邓小平等也予以充分肯定。实际上那是那一代领导人对发展教育事业的集体思考，当年"两种教育制度、两种劳动制度"就是在这样的摸索中逐渐形成的。正因为它立足于教育事业快速发展的现实可能，路径符合发展中国家的国情，所以得到国际上一些专家的高度赞赏。可惜在"文革"动乱中，共产主义劳动大学这类办学形式被极左思潮所利用，后来又被"妖魔化"了，彻底"改造"了，以至于无存。这一结果说明，在如何对待历史上，我们还存在着某些思想误区。《建国以来党的若干历史问题的决议》指出，毛泽东思想"是中国共产党集体智慧的结晶"。毛泽东教育思想是这些结晶中的重要组成部分，给中国教育事业的发展打下了深深的烙印。张乐天教授认为要理性地对待中华人民共和国"前十七年"教育改革的遗产，这是一种科学的态度。

好风凭借力

庆 年[①]

　　新媒体的迅速发展,正在深刻地改变社会生活,也在改变着大学的教育。回顾一年多来中国高等教育领域的新闻,慕课(MOOCs)风潮一定可以排得上前几名。作为一种大规模在线开放课程,慕课为大众共享最优质教学资源提供了更易于实现的可能性。而"翻转课堂""颠覆课堂""微课""混合教学",则改变了传统教学形态,传播了一种崭新的理念和教学方式。"慕课来了",就像"狼来了"一样,搅动了中国的高等教育。北京大学和清华大学宣布加入哈佛大学和麻省理工学院发起的在线教育平台 edX,复旦大学、上海交大与慕课旗下 Coursera 在线课程签约建立合作伙伴关系,将与耶鲁大学、麻省理工学院、斯坦福大学等世界一流大学一起共建、共享全球最大网络课程系统。一

---

① 作者:熊庆年。文献来源:复旦教育论坛,2014,12(01):1。

时间慕课成为高校最时髦的话语，倘若谁不知，俨然就是落伍者。

慕课才热，谷歌眼镜（Google Project Glass）教育功能的开发又使人们抱有新的期待。有人乐观地认为，谷歌眼镜将赋予视频教学新的视角，从而颠覆远程教育。更有人认为，谷歌眼镜的视频可以超越慕课，它不再以课程内容为授课目标，而是将促进和鼓励学习作为其核心任务。这样的结果是，学生们不再是单纯地坐在白板前观看老师们"演讲"，他们将可以随老师的眼睛一起观看那些令人激情澎湃的场景，随老师一起体验第一现场的感受。

在这波新教育技术应用的汹涌浪潮中，有几个中国年青学子不甘沉寂。他们借鉴慕课方式，创造了一种由在校大学生来自主开发视频课程的形式，万门大学就是这样一种正在尝试的营造。在万门大学，学生不只是受惠者，更是施惠者、互惠者。他们用自己的方式去理解知识、建构知识，用自主的学习去锻造学习能力，用伙伴的互相启迪去传递智慧，创造出一种学习的新境界。这几个年青学子希望，通过这所免费的网络大学，为广大学子推开千千万万扇学科大门，为中国大学教学改革助推。

媒体的变革会带来教育的变革，自古如此，是历史的必然。因为教学从一定角度看就是一种传播，学校教学形态的发展往往与大众传播媒体形态发展同步。在当代社会，新媒体不断迅速被创造出来，也不断地为教学形态的多样化提供可能。现代教育技术成为教育领域独立的发展分支，传播媒体发展是其物质基础。需要强调的是，教育技术更新在加快，并且已经不只是一般地为教学提供便捷、有效的传播媒介，而是越来越渗入教与学活动的深层，触及教育的基本理念和教学的基本方式。"翻转课堂"也好，"颠覆课堂"也好，不是教学方式的简单变化，它们"翻转"的是传统的教学形态，"颠覆"的是固有的教育理念和教学观念。正是在这个意义上，我们把新媒体和它所孕育的教学形态看作是一种的革命力量，一种革除旧弊的力量，而不是只盯着它的工具性和商业价值，只欣赏它的新颖快感、时尚效应和品牌增值。

的确，今天的大学教育需要一种革命的力量。不久前，日本著名的高等教育研究学者金子元久教授出了本新书《大学教育的再构筑——朝着使学生成长的大学》。在序言中他写道："20世纪后半叶是大学教育大众化、数量扩张的时代，相对而言，21世纪初则是大学教育质的转换时代。我们现在正处在决定转换方向的关键时刻。"新媒体在大学教育中的创造性运用，或许能够促使大学的人们深刻地反思，或许能够为促进学生成长的教与学开辟通衢大道。面对教育技术变革的涛涛潮涌，我们既要有弄潮儿的勇气，更要有理性的精神。愿教育新技术的"好风"，送大学教学变革直上"青云"。愿所有的大学都能再造成为更为有质量的大学。

谆谆以诚　润物无声

庆　年[①]

　　语言是人类交流的工具,善于运用语言则成为一种艺术。"一言之善,贵于千金"。艺术地表达能够使语言的信息负载和传递效率最大化,从而使得交流畅达、意蕴丰盈、人际和谐。教育作为特殊的人类交流活动,目的在促进学习者的成长,教育者尤其需要讲究语言的艺术,因为艺术的教诲可以直达学生的心灵,点燃学生的生命之火。特级教师于漪说得好:"教育语言发挥的作用往往能超越时空,在学生心中弹奏,经久不衰。"近来,汇集整理习近平同志关于教育的论述,深感他熟谙教育的语言艺术。无论面对海外留学归来的饱学之士,还是面对扎根农村基层的村官,无论在国外著名大学的正式演讲,还是在国内大学与学生的面对面交谈,语言都贴近对象的生活,能迅速消弭角色

---

① 作者:熊庆年。文献来源:复旦教育论坛,2014,12(03):1。

的距离。典故旧事随机而用，警句名言信手拈来，谚语俗语援引成趣，透着一种强烈的个人风格：平白而灵秀，朴实而意长，机敏而不失幽默。读到一位学生的体会文章，他说习近平总书记的话语，让我们听得懂，听得进，听得动心。这就是教育语言艺术的魅力。

很多人都注意到了习近平喜欢说大白话，不喜欢打"官腔"。从教育语言艺术的策略来说，这是十分明智的。要让老百姓接受，就要讲老百姓听得懂、听得明白的语言。老百姓最不爱听的就是那些装腔作势的"党八股"。在学校，施教者就要用学生听得懂、听得进的语言去教导学生。明末清初的著名思想家王夫之说过："善教者无授业之言"。意思是，善于施教的人不会用教条的语言。毋庸讳言，在学校教育的某些方面，现在依旧是"官腔"太多，教条式的话语太多。人们竭精殚虑地想办法提高教育的有效性，至今并没有大的改观。最近，看到两则新闻。一则是复旦大学校长杨玉良在世界读书日发言，与学生分享自己的个人阅读史和读一本散文集的心得。一则是上海交通大学校长张杰亲自给本科生上思想政治理论课，用自己的亲身经历谈对中华民族特质的理解。谈自己曾经的青涩，讲自己的心路历程，学生一定听得懂，听得进。若施教者都能如此讲究一下教育的语言艺术，都能平等地与学生对话和交心，相信效果不会是老样子。

"修辞立其诚"，教育的语言艺术必须根植于教育者内心的真诚。如果抱有秀才学、显技巧的杂念，那就难以产生动人心魄的力量。被学生们称为"根叔"的华中科技大学校长李培根，在该校 2010 年毕业典礼上发言,以一则则校园的记忆激起了学生的强烈共鸣,以一句句网络上的潮语拉近了与学生的距离。短短 16 分钟的演讲,被掌声打断 30 次,7700 余名学子起立高喊"根叔"! 之所以能够产生这样的效果,是因为他清楚,"校长要用心讲话"。学生们说得再明白不过:"我们的世界,他都懂"。今年 4 月 1 日,李培根卸任校长之职,其告别演说,再次受到学生几近狂热的追捧。因为他连说了 19 个遗憾,就任上没有解决好一些问题向师生表示道歉。如果没有发自内心的真诚,就不会有那样一种言语的力量。

善言是一种美德。"能言者,俦善博惠。""与人善言,暖于布帛。"教育给人以正能量,艺术的教育语言会打开心灵的窗户,让学生受到春风吹拂、阳光照耀般的启迪和熏陶。站在一个更高的层面来看,这是一种博大的人文关怀。这里且借用那位学生文章的话语来作结:让我们"听得懂","听得进",更"听得动心",其本质在于回归到教育的本质——对人与人性的关注,从而去帮助青年探寻应当做一个怎样的人,做人要有什么样的追求。

半夜"鸟"叫

庆　年①

　　笔者喜闻鸟鸣，手机铃声设定即选所好。暑假某日，沪上部分大学同仁应约至某省，参加该省哲学社会科学优秀成果奖评审。委托兄弟省市同行评审项目或者成果，以规避本地利益相关者干扰，保障评审公平、公正，已经是很多地方学术管理部门的做法。笔者幸得受聘，欣然前往，乐襄其成。未料，甫至其地，坐席未暖，即闻"鸟鸣"。当地某大学某学院院长来电，求评审关照。此后，"鸟鸣"屡起，电话短信不断，皆为"打招呼"。有的自己亲自联络，有的转托笔者好友，有的拜求笔者大学同窗，有的延请笔者熟悉同行。辗转请托，曲尽其折，叹为观止。笔者若是回应，则有违规约，如不回应，可能开罪他人。左右为难，不胜其烦。更有甚者，找到笔者尚在海外访问的朋友，梳通关节。概因

① 作者：熊庆年。文献来源：复旦教育论坛，2014，12(05)：1。

时差,来电短信恰在半夜,"鸟鸣"响起,令人睡意全消,不堪其苦。据悉,同往参评者多有此遇。故参评者不约加班加点,尽快完成任务,以提前离开此"是非"之地。返沪次日,"鸟鸣"跟随,似无处逃遁。妻子建议关机,又恐有正事被耽误,郁闷得很。

非常诧异的是,请托者无一不是教授,且均为重点大学的教授,有的还有一官半职。他们为什么要费尽心机地争取评上奖?他们对于自己的成果难道没有自信吗?他们对于自己学院的学术实力缺乏底气吗?或是缺乏公正的制度、公平竞争的环境吗?疑团种种,如梗在胸。笔者不禁对学术生态治理生出几分忧虑。现今,人们对于学术领域不端乃至腐败现象口诛笔伐,教授们提到各种潜规则也是愤世嫉俗,呼吁改革除弊者绝不在少数。可是,为何一涉及自身或小团体利益,却习惯于按潜规则办事,热衷于其所不齿的那些做派!叶公好龙者,可谓当之乎。

如此之说,似责之严苛,有欠厚道。有昔日大学同窗劝解,言"时风所致"。被评者或愤愤不平,人为刀俎,我为鱼肉,不若这般,或被抛弃。的确,握权秉衡者,引风气之向。上有所好,下必甚焉。社会如此,学术也如此。中国足球不能崛起,"黑哨"之弊,显而易见,尽人皆知。学术裁判是否存在"黑哨"现象?大家心知肚明。问题在于,除了行政权力的渗入外,裁判者往往也是学术权威,是教授。某时被人所评,某时评审他人。这可能是学术不同于足球的特殊性。所以,吾等亦需躬身自问,得道掌权之时,是否能够持以公正,坚守公平?你好、我好、大家好,总归是为一己之私。走出这个怪圈,别无他法,首需倡导"克己"。孔夫子之言极是,"克己复礼,天下归仁焉"。

　　不过，良知与制度相辅而成。选择第三方评审，本是公平公正之制度保障。而制度需人去执行，需要有效的制约和监督。笔者惊异之处还在于，此番参加评审人员的具体信息如此快捷给泄露了出去。这些年，参加过不少社会中介组织的各种评项目、评职称、评奖活动，往往会收到打招呼的信息，屡屡遭遇困惑。一次全国性评奖，笔者收到过完全不认识的外地某大学领导打招呼的短信。其实误会，笔者并未充当评委。有人为之解惑，告之这是"地毯式轰炸法"，凡是专家库的人员，统统打一遍招呼。要做到这样，没有相关机构人员从中"帮助"，何以可能？此次参评，打招呼者信息如此精确，该不会是乱撞上的吧。委托评审制度的利益屏蔽就这样被"解构"了，发人深省。

　　请托陋习，看似事小，实则事大。学术如无最基本的公平公正，何有奋进，何来创新，何可一流。陋习不除，恶俗不去，不会有风清气正，不会有良好学术生态。去邪除弊，发自人人，始自足下，教育治理体系与治理能力的现代化方有希望。

推免生的自主权利去哪儿了？

庆　年①

日前，报载某大学近七成推免生留校读研，并夸赞该校推免生"保卫战"成绩不俗。所谓要"保卫"者，该校有推免资格的优秀学生不流失到外校。概因教育部出台推免新政，规定要切实保障考生自主报考的权利，大学不得对推免生设置留校名额，不得将报考本校作为遴选推免生的条件，也不得以任何形式限制推免生自主报考。然而，"上有政策下有对策"，在报名截止的第一时间组织面试，先把自家的优秀推免生揽入彀中，就是一些大学的"妙招"。不久，笔者到外地出差，一位"985 工程"大学的副院长喜滋滋地告知，该院推免大获全胜，他们的举措就是抢时间、保自家。"妙招"之所以奏效，教育部所推出的推免服务系统功不可没。推免生名义上是可以有三个选择，但是按照系统设

① 作者：熊庆年。文献来源：复旦教育论坛，2014，12(06)：1。

置的程序,推免生如果参加了两个以上招生机构的面试,只有第一个面试机构同意"放人"取消录取,后一个机构才能操作进行录取。为了保险被录取,大多数推免生宁愿"屈就",而不敢冒险等待第二个机构的面试。也有推免生天真地相信可以自由选择,在本校面试录取后再来参加其他学校的面试,往往不得如愿。笔者所在机构就有一个这样的外校推免生,我们同意录取后,她回本校要求"放人"遭拒,再三哭求而不得。现实的情况是,推免生参加了一个面试,基本就锁定,后面无法再选择。本来,最初服务系统显示本机构有 25 人报名,由于没有安排在第一时间面试,结果实际只到 5 人。由此可见,所谓"不得自行设置留校限额或名额",在"推免服务系统"的可靠保障下,成了一纸空文。

学生就是大学。大学希望有好生源,情有可原。在市场化条件下,大学之间围绕生源展开竞争,可以理解。但是,竞争应当是在法律法规允许的范围之内,应当有确定的规则,这才是正当的。无序的恶性竞争,必然增加大学的市场成本,造成整个高等教育系统的紊乱,更会对大学本身形成隐性的创伤。因为大学如果以牺牲学生自主选择的权利来保障生源质量,那实在有违大学所崇尚的自主自由之精神。一所不懂得尊重学生自主权利的大学,还会是学生心中的圣殿吗?前几年,国内有一位个人事业成功人士给国外大学捐巨款,人们议论纷纷。这位人士说他之所以捐给国外大学而没有捐给国内的大学,是因为他所就读过的那所国外大学真正改变了他的人生。排除其他因素不说,单就教育本身而言,这个捐款的故事还是值得我们好好思量的。另一方面，招生的乱象也显示出当今一些大学的不自信。没有足够的吸引力来留住好学生，只得靠打政策的擦边球、靠搞小动作来达到目的。这么干其实并不明智，生源的多样性不够，大量的近亲繁殖，对学术生态没有好处。

保障学生自主选择的权利，是政府的责任。可是推免生新政，并没有起到应有的政策效果，反而加剧了大学之间生源恶性竞争。这是人们所极不愿看到的，或许也是教育行政部门始料未及的。这就需要拷问政策的科学性、合理性。一项公共政策的出台，应当有充分的依据、缜密的设计和有效的实施，才可能达到预期的政策目标。可是现实中，没有经过严密科学论证的、政出多门的、朝令夕改的政策并不鲜见，其根源就在于教育行政仍旧是人治。把权力关进笼子，不只是反腐防腐，也是要力克官僚主义的积习。改革是当今社会发展的主旋律，改革也是中国走向高等教育强国之路的根本动力，然而改革需要法治护航，教育治理体系和治理能力的现代化必须建立在法治基础之上。从这点上来看，党的十八届四中全会的精神令人鼓舞。话可能说得有点儿大，但实实在在是人们的企望。

喜看新桃换旧符

庆　年①

风云庆会方正酣,浪涛奔涌又一年。盘点往岁,人们欣喜地看到,在推进教育治理体系与治理能力现代化的奔竞中,一块块"坚冰"打破,一只只"靴子"落地,全面深化教育综合改革脉络已显端倪。展望新年,我们有理由相信,"破冰"会成新常态,"试脚"当为每日事,改革的"高铁"将风驰电掣,一路长鸣,为整个教育体系注入新的发展动力,使之焕发勃勃生机。

改革开放至今已经三十多年,改革一浪接一浪。要说新一波改革与以往的改革相比有什么特别的不同的话,那就是它要求建立在全面推进依法治国的政治基础之上。最近发生在贵州省的一件事,发人深省。省教育厅下发《关于进一步加强高等学校教学评价工作的意见》,要求各高校"建立全覆盖的课堂教学

---

① 作者:熊庆年。文献来源:复旦教育论坛,2015,13(01):1。

视频监控系统、教师授课全程跟踪系统"。有 4 名律师提出质疑，认为按照十八届四中全会精神，行政机关不得法外设定权力，没有法律法规依据不得做出减损公民、法人和其他组织合法权益或者增加其义务的决定。就此向贵州省教育厅申请公开相关法律依据和权力来源。省教育厅作出回应，拟对文件有关内容作进一步调解论证、修改完善。这一事件昭示人们，改革也要依法而行。有人提出，要对改革本身进行改革，意即在此。依法推进改革才能坚持民主和理性，保证少走弯路，而且可避免为改革而改革、为政绩而改革，防止乱出招、瞎折腾。盲目地改革有时其实比不改革更糟糕。

　　人们常说，改革已经进入攻坚期，步入"深水区"，这也就意味着矛盾越来越复杂，困难越来越多，阻力越来越大。不久前，与一位同仁聊起新一波改革。他感觉到，十多年来，改来改去，花样不断翻新，但问题还是那些问题，并没有什么大改观。有类似看法的人并不鲜见。这一方面说明，深层次问题没有得到很好地解决，攻坚很难；另一方面也说明，改革综合疲劳症在一定程度上存在，求稳怕乱，敷衍了事，不图有功，但求无过，致使一些深层次改革原地踏步。笔者曾经与一些高校领导交流对大学章程建设的看法，有的人认为章程只具有象征意义，也有的人根本没有把它当回事。可以感受得到，所谓推进现代大学制度建设，在有的人那儿不过是个政治标签而已，他们所习惯的、所认同的还是旧的一套。全面深化教育综合改革必然动筋骨、联经脉、触心灵，能不能"破题"，敢不敢碰硬，是检验真假改革的试金石。

著名国际比较教育专家、中国教育研究学者许美德在 20 世纪末就提出，未来世界高等教育的新模式或许能够在中国诞生。2011 年她在新著中又提出，中国大学具有大学自主与思想自由的巨大潜力，放弃了自己的文化传统去盲目模仿和追赶西方大学，是一条代价不菲的崎岖弯路。中国特色也好，中国模式也好，不会自然而然地产生，需要我们在深入改革中去探索，在学术文化传统的反省和继承中去铸造。中国大学的脱胎换骨取决于制度创新，取决于组织文化的重塑。清华、北大、上海"两校一市"教育综合改革方案已经获批并付诸实施，新的改革举措在一项项出台，更多高校的方案已经或将要启动。改革成功与否，关键看中国特色的现代大学制度能否真正建立，最终表现在高校是否真正激发出自主办学的活力，能否满足民生、社会发展和国家建设的需求。

冬去且逢新岁月，春来更有好花枝。行笔至此，不由浮现毛泽东 1930 年 1 月所写《如梦令·元旦》中佳句："山上山下，风展红旗如画"。祈教育改革之旗更加火红，愿教育发展之画更加绚烂。

春潮乍起喜观澜

庆　年①

乙未初一，恰逢"雨水"。天公呈祥，南方漂雨，北方飞雪。俗话说，"百年难得水浇春"。自然界的雨水，给人们带来春天的期待。现实社会生活中，改革的甘霖，也同样在滋润着希望的田野。春节刚过，"四个全面"的权威定义，为续写"春天的故事"吹响了冲锋号。

处在改革前沿的上海，笔者很快嗅到了萌动的深改气息。节后上班首日，上海市委书记韩正主持动员会，进一步动员部署实施市委今年一号调研课题———"大力实施创新驱动发展战略，加快建设具有全球影响力的科技创新中心"。笔者特别注意到，韩正在讲话中强调，营造良好的创新生态环境是基础，"好的环境，不是管出来的，不是靠政府的计划排出来的，也不是简单

---

① 作者：熊庆年。文献来源：复旦教育论坛，2015，13(02)：1。

靠财政资金扶持出来的,是放出来的",关键是解决体制机制问题,要从体制上研究解决政府自身的错位、越位、缺位问题。闻者感奋,深以为然。从高等教育改革的角度来看,理顺大学与政府的关系一直是难啃的"硬骨头",落实大学办学自主权喊了三十多年,钱学森之问也提了上十年,情况并没有根本性的改观,问题就在于改革的举措更多地还是落脚在"管"上,而不是"放"上。

"放"说到底就是要尊重客观规律。大学是知识传播、应用和创新的场所,无论教学、科研还是服务,都必须遵循这些活动内在的规律,而大学的自主、自治正是知识生产活动必要的制度基础。在这个基础之上,才能营造自由探索、有利于创新的学术生态环境。十一年前,笔者曾在国外任客座教授。回国后有朋友问一流大学是怎么个样子。我的回答是,你只要在大学的走廊和电梯里听听教师们在聊什么,就能明白。在国外一流大学,常听到的是教师们谈论关心的学术问题,常看到的是人们安安心心地在做学问。为什么他们能够神定气闲,因为他们少有外部干预,少有非学术因素的干扰。一句话,自主使得他们可以如此。反观当时国内许多高校,充耳所闻是某某拿到了大项目、某某在哪儿弄了一套房子、某股票如何如何。重要原因就在于大学自主徒有其名,在各种工程、计划、审批、评估"鞭子"的驱赶之下,在各种生活的压力下,人们不得不在学术市场中奔竞。心浮气躁地追逐功利成为了校园的常态,怎么可能会有大批创新人才和创新成果不断冒出来?

"放"首先得思想解放。有人总是担心,"放"开了大学托不住，会出问题。这种"保姆"意识其实是多虑。人的能力也好，组织的能力也好，主要是在实践磨炼中养成的，在矛盾冲突中修炼而不断提高的。"放"了大学才能在风雨中成长，才会增强自主办学的能力。不"放"，大学就只能是"温室的花朵"。当然，更重要的是破除人治思维。今天我们讲"放"，是在法治意义上的"放"，而不是过去传统意义上的权力让渡。一放就乱，一收就死，其原因就在缺乏法治的约束。在推进依法治国、依法行政、依法治校的大环境下，"放"有了支点，就没有过不去的门槛。

形成有益于创新的好环境，不仅要有政府的"放"，而且要有大学的"放"。长期以来，大学内部权力配置与宏观管理体制机制是相匹配的，基层学术机构缺乏自主、缺少活力。所以，造就良好学术生态光有大环境的改善还不行，小环境也必须改善。遏制权力的"任性"，需要系统一致。这几天，纪录片《穹顶之下》引起了广泛的社会共鸣，给我们的启示是，环境治理需要全社会共同努力，每个公民都可以用实实在在的点滴行动参与其中，而不只是作壁上观。学术生态环境治理何尝不是如此！

全国"两会"召开，深改是主题。愿借东风与春雷，激荡潮涌逐浪高。

与青年有约 与未来相拥

庆 年①

5月2日，中国国民党主席朱立伦到访大陆，首站在上海，第一项活动便是到复旦大学与青年学生交流，现场背景板上书十个大字："朱立伦与青年朋友有约"。之所以选择这一主题，用朱先生自己的话来说，是因为"对我们这个时代的人讲，我们也曾经是青年朋友，现在我们不再年轻，但是我们这个时代，面对上一个时代，也面对下一个时代"，"我们需要为下一代建构"。青年代表未来，代表希望，想必这也是朱先生把与青年对话活动排在第一的意旨所在。

青年人生气勃勃，无畏而向上，这是最可宝贵的。本学期初，笔者收到一封邮件，是上海财经大学会计学院一位素不相识的大一女生发来的，邀请笔者去该校作一次公益讲座。邀请函

① 作者：熊庆年。文献来源：复旦教育论坛，2015，13(03)：1。

在陈述了邀请的目的、需求之后，有这样一段话："一场演讲并不能一下子改变所有人的观念，但是却能开启一种可能性，一种让青春更出彩，人生更无悔的可能性，我想这正是我们合作最重要的意义所在。我们能为您提供什么？我们在和企业谈合作时，常常将这个作为重点，为他们提供广告的机会，但是当我们在和您谈论时，我们提供不了报酬，我想我们能提供的最好的回报便是听众的热诚，以及这个讲座将给我们带来的思考与改变。"这段话措辞委婉，刚柔相济，直达人心，几乎让人不容推辞。笔者感叹后生可畏，一口应承下来。

青年人的创造力，是一个社会的生机所在，也是高等教育的活力所在。4月10日，35所高校68位青年院校研究者会聚同济大学，共同研讨数据分析与院校研究问题。他们以青年人的敏锐，捕捉到了大数据时代高等教育治理方式的嬗变，看到了科学决策、民主决策对数据的依赖度在不断提高，意识到数据规模以及从数据中获取知识和价值的能力已经成为大学竞争力的重要组成部分。他们达成共识：组成一个联盟，构建合作网络，服务院校发展的科学决策，服务每一位成员的专业发展和职业提升。这个组织将是"民间"学术共同体，没有任何行政色彩，没有任何等级区分，没有任何权威控制，每个成员都是平等的，实行民主协商的共治，按照国际学术组织的惯例运行。笔者为这一共识点赞，为这些青年的闯劲鼓掌！在国内学术社团高度行政化的今天，他们的想法算得上是一个"创举"。高等教育研究领域的生态特别需要有这样一种力量来引领，真正让学术回归本位。

珍视青年人的主体性，充分发挥他们的作用，是大学改革与发展的应有之义。大学不仅在教学、科研、服务的活动中要发挥青年人的作用,而且要注重在治理变革中发挥青年人的能动性。令人高兴的是,在推进现代大学制度建设中,越来越多的大学把青年师生这支力量放在重要位置。许多大学章程规定青年在各种委员会中应占有一定比例,尤其是给大学生以参与治理的权利。比如北京大学章程就明确规定,在校务委员会、监察委员会、学术委员会中,都应有学生代表;贵州大学章程更是规定,对严重失职或不称职的党政领导干部,学生代表大会和研究生代表大会可共同提出更换或罢免的建议。我们有理由相信,有青年生力军的参与,高等教育治理体系与治理能力的现代化一定会更加坚实。

"青年兴则国家兴,青年强则国家强。"未来掌握在青年手中,关心青年就是拥抱希望。今天是五四青年节,让我们重温毛泽东1957年在莫斯科接见中国留学生时讲的一段话:"世界是你们的,也是我们的,但是归根结底是你们的,你们青年人朝气蓬勃,正在兴旺时期,好像八九点钟的太阳,希望寄托在你们身上。"

非诚不立 非信不行

庆 年[①]

依法治教,依法治校,屡屡见诸报刊。然而从口号到实践,从理想到现实,往往有很长的距离。它们能否深入人心,成为治教治校的基本准则,决定教育综合改革的成败,与教育事业发展前途攸关。

不久前,邬大光教授在《南方周末》发表"岂止毕业论文须'查重'"一文,从学生学位论文查重问题,联想到各种"山寨"文本的泛滥。特别提到,大学在完成各种教育主管部门布置的"作业"时,比如制定大学章程、制定高校综合改革方案、发布高等教育教学质量报告、编制"十三五"规划之类,"山寨"式的借鉴就是按时完成任务的玄机。他认为,"为了不让大学陷入更多的山寨危机,对学校的各种管理工作查重也迫在眉睫。"笔者认为,通过

---

① 作者:熊庆年。文献来源:复旦教育论坛,2015,13(04):1。

查重来解决制度文本的"山寨",治标不治本。笔者近一段时间,受委托参与了部分大学章程制定的讨论,围绕认真做还是应付了事,没有少花心思与有关人士沟通,目的就是想让当事者充分认识,从实际出发,让大学章程成为大学制度的中核,彰显自家追求和个性特色,保证其合法性、权威性、适切性,靠"山寨"是行不通的。如果当事者真心诚意依法治校,他们就不会选择"山寨"。

法治要成为信仰,须以良法为基础。依法治教、依法治校同理。大学章程相当于大学的"基本法",其"立法"质量决定了现代大学制度的根基。制定大学章程不能只靠几个笔杆子,而要有广大师生的民主参与,要有专业的科学论证。不唯大学章程,大学所有的制度都应符合法治的这些基本要求。毋庸讳言,我国以往大学制度的建构,离法治的标准还有不小的距离。制度的系统性、完备性且不说,就制度文本而言,重宣示而不重规范,重实体而不重程序,就是缺失之一。不久前发生的北京大学撤销于艳茹博士学位案清楚表明,程序性规定不彰是导致诉讼的主要原因。现行各种制度亟待以法治的要求进行规范和完善。古人有言:"法明则人信,法一则主尊。"想清楚这个道理,就不用担心领导和管理被限制住。完善的制度只会保护权力的正当行使,有益于权力的规范运行,提高大学办学的效能。

法治的生命在于实施,法治的功效在于实践。法治要成为人们坚定的信仰,司法要公,执法要严,久而久之,必见其效。教育法律和教育行政规章是必须实施和遵守的,大学章程和大学内部制度不能是供在那儿好看的。有法必依,有章必循,有规必行,坚持下去,成为自觉,才能不断提高大学治理水平。在这方面,无论宏观层面还是微观层面,都还有很大的提升空间。几个月前,21 世纪教育发展研究院和中国社会科学院法学研究所分别发表报告,对部分高校 2014 年信息公开情况进行了评价,结论大体一致,即高校信息公开整体不佳,透明度不高。表面上看来,这只是一项制度的执行问题,实质从一个侧面反映出高等教育治理成熟度不高。无论教育行政部门还是大学管理层,法治意识都不够强。前者缺乏严格的规范和问责,后者缺乏价值的正确认知和行动的自觉。类似的情况并不止这一桩事,说明推进法治还有一个不断深化的过程。

新近有两件事值得关注,一是一软件商状告广东省教育厅,诉其滥用行政权力排除和限制竞争,广州中级人民法院一审判决被告行政垄断;二是四川大学致函教育部,反对泸州医学院更名为四川医科大学。当事主体依法行事,标志着法治的进步。期待各方遵法、守法、依法,成为践行法治的楷模。如此,教育法治成为信仰可期可待。

涛声依旧　当奈之何

庆　年[①]

去年夏,笔者参加某省委托的哲社优秀成果评奖,深为请托所困,有感而发,作"半夜'鸟'叫"一文,以揭学术评奖之乱象,针学者品格之不彰,砭规范制度之缺失。今夏,又忝列另一更高规格政府部门评奖之评审人。原以为在反腐高压态势以及教育综合治理改革深入推进的环境之下,乱象会有所减少,不伦会有所收敛。不料,人未致目的地而请托电话、短信便接踵而来。工作之时,无一日无请托信息干扰。工作结束后数日,骚扰依然不停。叹息之余,于微信中重布旧文,以抒愤懑。有朋友回:"如今应当会好些吧。"笔者复之:"涛声依旧。"其实是"有甚往昔"。不是吗?本人碰到的,以及从参审同仁那儿得知的:有不止一个请托者不只表示希望获奖,而且要求拿大奖,公然开口要一等;有

---

① 作者:熊庆年。文献来源:复旦教育论坛,2015,13(05):1。

不止一个请托者闯到评审地，要求与评审人交流沟通，充分展示自己的成果；也有请托者辗转通过其他学科的评审专家来敲本学科评审专家的门，叫你防不胜防。所幸参审同仁多有共识，不受干扰，秉公办事。然而，乱象不止，邪风无忌，何以至此，当再省思。

古今中外，奖赏都是得人治世的重要手段。韩非子说"：闻古之善用人者，必循天顺人而明赏罚"，"受赏者甘利，未赏者慕业，是报一人之功而劝境内之众也"。行赏的目的在激励，本质应当是精神性的，然而处理不当，会使人趋以致利而忘其所劝。所以，必须有良好的制度设计，始能达成目的之效能。不知何时起，我们的奖励逐渐被物化、功利化了。一个重要的原因就是，获得奖项成为评价机构业绩的重要指标，成为各种项目成果价值衡量的重要尺度，成为个人职称评定、定等、选拔、晋升的主要参考。奖项一旦成为获取某种利益的"敲门砖""通行证"，势必就会被侵蚀，走向异化，甚至诱生腐败。因此，革除评奖异化之弊，首先得从管理制度上去除奖项与政绩、业绩的直接、简单关联，使人们对评奖功能与作用的认知回归本位，社会各方对于各种奖项的态度趋于理性。

其次，要对评奖制度本身进行改革。近年来，围绕政府在评奖中该充当什么角色，进行过许多讨论。今年1月，中国计算机学会"建议政府退出国家科技奖励评审"，引起舆论的广泛关注。其基本观点是，必须改变政府在评奖中的过度介入、行政权力在评奖中权重过大的弊端，提出要明确评奖活动中学术权力与行政权力的界限，充分发挥专业学术机构和社会学术团体的作用，建立有效的第三方监督机制。这些建议触及了问题的核心,富于建设性。事实上,不单是国家科技奖评奖中存在这些问题,其他政府评奖或者机构、组织评奖都存在类似的问题。治理评奖乱象同样需要"去行政化",需要在治理体系与治理能力现代化中建构新的评奖制度。

今年4月,《国家科学技术奖评审行为准则与督查暂行规定》发布,新规向评奖腐败开刀,对种种不规范行为说"不"。这次笔者参加的评奖,主管部门也提出了不可谓不全面的规范要求,然而乱象依旧发生了。让人觉得吊诡的是,主管部门负责人在评审一开始就申明纪律,同时提醒,可能会遇到短信、电话打招呼的事。难道他预见到规则会失灵么?事实上,评奖的某些安排和程序规定自然就消解掉了一些规则。比如专家背靠背评审,事实上现场并不能实现有效的人际隔离。又如工作人员都签了保密协议,但在工作实施过程中,并没有严密的监督安排。很显然,制度和程序的正义要落到实处,还要付出巨大的努力。造就良好的评奖文化,更有很长的路要走。

不创新自己 大学将落伍

庆 年[①]

　　本文的标题琢磨了很久，意思大致有了，老想不出一个恰当的表达。偶然看到"上海观察"网上刊登马云2007年在阿里巴巴英文站的讲话，开首小标题是"不创新自己，阿里巴巴将会消亡"，灵感忽来，于是套用而成了本文标题。

　　创新，是当今时代的主题。创新已经成为引领社会发展的第一动力。人们通常会说，大学是创新知识的源泉，是创新人才培养的摇篮。其实，大学担当得起创新知识与创新人才培养的社会使命，并不是不证自明的。曾有人指出，大学是保守的社会机构。保守的价值在于它能够坚守自己的知识信念与文化品格，有其积极的意义。然而，我们也不得不承认，在当代社会条件下，保守的确存在消极性的一面。保守可能带来封闭，阻隔对

① 作者：熊庆年。文献来源：复旦教育论坛，2015，13（06）：1。

瞬息万变社会的恰当反映。对大学自身组织变革的迟钝,大概就是这种保守性的表现之一。"人们常常指责大学对一切都进行研究而就是不研究它们自己,同时人们公开地指责它们准备对一切进行改革而不去准备改革它们自己。"大学的深层危机就在这里。

2012 年,当"慕课元年"的海啸袭来之时,美国《时代》杂志曾经以"大学已死,大学永存"为题发表社论,指出现代信息技术的运用可能对大学带来颠覆性的革命。这绝不是危言耸听。事实上,"后慕课"时代各种教育样式正如雨后春笋般冒出来,上千万的人正在尝试通过新样式接受高等教育。在我国,在"互联网 + "的热潮中,"互联网 + 教育"也成为热议的话题。高等教育是不是形成了新业态,现在恐怕还难以下结论。但新形态的大学岂能小视。2009 年,谷歌(Google)与美国宇航局(NASA)合作开办的以培养未来科学家为目标的奇点大学(Singularity University,简称 SU)开学。这所"大学",既不规定学生专门的深入方向,也不做任何束缚,给予学生最前沿的知识,对于学生们疯狂的想法,从不说"NO";既不授予学位,也不设置学分,更没有毕业论文。2014 年,奇点大学的讲堂已经办到了北京。2015 年初,马云开办了湖畔大学,立志为创业者传道授业。紧接着,刘强东 4 月成立了众创学院,面向创业者提供全生态服务。或许普通大学现在还没有把这些所谓的"大学"放在眼里,但其是否会产生蝴蝶效应还真难说。

不只是人才培养的形态在变化,知识生产、知识传播的形态也在变化,大学如何应对是个迫切的现实问题。1998 年,伯顿·

克拉克研究了世界上五个成功大学的案例，出版了专著《建立创业型大学：组织上转型的途径》。他的基本观点就是，大学要适应社会经济的变革，主动接受外部环境的挑战，积极调整其角色和职能，进行大学组织模式的创新。尤其值得注意的是，以刊登自然科学学术成果而闻名的国际顶级杂志《自然》(Nature)，2014年10月出版了以"大学实验"为主题的专刊。那些实验尽管做法各不相同，但是试图冲破旧思想旧习惯的束缚是一致的。然而，创业型大学也好，大学实验也好，在高等教育领域中产生的影响还十分有限。我们有理由作出推断：大学整体上对社会经济变革的反应是滞后的，缺乏危机意识。

　　闭幕不久的党的十八届五中全会，再次明确了世界一流大学和一流学科建设的战略部署。有学者说过："任何一流大学都有许多创新，但大学自身几乎从来就没有对其结构或实践进行有意识的创新，大学人热衷于在大学之外进行创新。"这给我们提了个醒：建设有中国特色的世界一流大学，大学自身必须创新。再借用马云的一句话来结尾："只有挑战自己才会有前途，否则我们只能成为模仿者、跟随者。"

此焉当反思

庆　年①

　　2015 年 12 月 29 日,世人瞩目的南昌大学原校长周文斌受贿、挪用公款一案终于宣判。一审法院确认罪名成立,数罪并罚判处其无期徒刑,剥夺政治权利终身,并处没收个人全部财产。这一案件之所以倍受社会关注,一者因为嫌疑人的身份。周文斌曾是江西省历史上最年轻的大学校长,且是江西唯一一所"211 工程"高校历史上最年轻的校长。二者因为案件审理过程跌宕起伏。案件经历了两次庭审,第一次庭审一审开庭 23 天,创江西法院史上最长纪录。周文斌曾用概率论、自创案件证据评价表连续两天半不间断地自我辩护;要求穿便装出庭受审,自行脱去囚服"黄马甲",都成为吸引眼球的新闻。两次庭审相隔近一年,第二次庭审换庭长重新审理,唯一到庭的证人再次当庭翻

---

① 作者:熊庆年。文献来源:复旦教育论坛,2016,14(01):1。

供,也成为街谈巷议的话题。三者因为人们对"象牙塔"中腐败的忧虑。据统计,仅2015年,就有34所高校的53名领导被纪检部门通报,而12月通报的达12人之多。然而,关注之余,更需要反思。我们不难看到,在周文斌落马这两年多来,舆论以及某些法律界人士对其所作所为的认识并不一致。这种不一致折射出高校改革的深水暗流。

据悉,"周文斌确实有两下子,面对南昌大学即将开始的新校区建设,省领导对他寄予了厚望"。大概根据就是,在东华理工学院院长任上,周文斌总结出一套所谓行之有效的建设模式,即"用学校规划楼盘的经营权吸引社会资本投资建设新楼盘"。到南昌大学履新后,周文斌即延用前法,开展大规模建设。200万元以上的项目不经招标而是通过招商引资来完成。在教师住房建设中,周文斌拍板,通过和开发商合作,用团购房的方式来解决问题。这在当时一些人眼里看来,都属于不墨守成规的"超前"意识,是敢作敢为的改革之举。他在自我辩护中甚至振振有词地说,"法无禁止,我们就可以做"。实际在这过程当中,周文斌利用手中权力,大量收受贿赂、挪用巨额公款,中饱私囊。同时,又大捞政治资本,以致于周文斌接受调查之后,仍有人为其点赞、鸣不平。在这两年当中,也有媒体闪烁其词地报道,这是一个"不一样的校长"。其实,以改革的名义行一己之私者,并不是个别现象。然而,缺乏法治和制度约束的所谓改革,给这些营私舞弊者提供了犯罪的土壤,这是我们不能不深省的。

我们稍微仔细地梳理一下周文斌这位"明星校长""最帅校长"涉案事件的时间序列,就不难发现,他在岗期间,分别有两年半、一年半的两段时间,南昌大学党委书记一职空缺,还有一段时间他身兼党委书记、校长两职。而检方指控的受贿犯罪,全部发生在他一人独掌权力期间。"此人当校长时,工作作风霸道、独断专行,对别人的意见毫不理会"。没有了党委的集体领导,缺乏有效的约束和监督,不出问题才怪。事实上,周文斌被"双规"前的十年里,对他的举报一直没有断过。但是,纪律检查和行政监察部门始终没有能够很好地履行职责,以致于周文斌越来越恣意妄为。这些现象正是现代大学制度建设当中必须正视的问题。党委领导下的校长负责制如何坐实,理事会或者董事会、校务委员会如何真正担起监督之责,大学治理的顶层结构如何有效实现权力制衡,都需要在法治的框架中加以审视,在大学章程建设中切实地解决。

人们常说,绝对权力必然导致权力滥用,没有监督的权力必然导致腐败。高等学校的权力也不会例外。在高校综合改革深入推进中,把权力纳入法治的框架,关进制度的笼子,当是重中之重。

无用之为用

庆　年[①]

　　在 2016 年复旦大学春节团拜会上,葛兆光教授发言,话题是从日本政府决定对国立大学人文学科实施关、停、并、转开始,提到当天早上看到的东京大学和京都大学校长就这个话题的对谈,介绍了日本一些学者对政府政策的强烈质疑。对这一事件,葛兆光教授忧心忡忡,他担心人文学科越来越被边缘化的现象继续漫延。

　　日本的政策调整究竟是怎么回事,是不是像葛兆光教授和许多人们所忧虑的那样?本期发表了陆一的文章,专门介绍了这一政策的来龙去脉,对事件进行了深入的解析。作者认为,人们对政府的政策存在着误读,关、停、并、转是有区别地整合,有一定的客观依据。尽管日本政府反复强调,改革是顺应社会人

① 作者:熊庆年。文献来源:复旦教育论坛,2016,14(02):1。

口和市场需求变化对部分应用性的文科进行调整，对基础性的文科尊重大学的自决，但是并没有能够完全消除人们的担忧。

很显然，如何认识现代人文学科的社会功能和价值，是日本政策调整事件质疑和辩护的一个焦点。说到底，是对现代大学使命和功能的认识问题。从 1088 年诞生的博洛尼亚大学算起，大学存续了近千年，围绕着大学之"用"的争论从来就没有停止过。而近两个世纪以来，有关大学功用的思想越来越多元。然而不管有多少不同的观点，客观的现实是，大学日益走向社会发展的前沿，大学作为知识生产、经济发展工具的作用日益凸显，大学作为社会精神存在的作用、文化发展的作用越来越被放到次要的位置。尤其近一二十年，经济全球化的竞争加剧了对大学知识生产的依赖，大学的现实功利性倍受重视，公共政策向现实功利倾斜，公众行为趋向现实功利，都是不争的事实。其实，不唯人文学科，实际上所有的学科都面临着功利主义、绩效主义的挑战。只不过人文学科离现实的功利过远，显得更为"无用"，面临的挑战更为严峻。

人文学科被边缘化并不是一个孤立的现象。并不只是日本发生了政策调整，在许多国家也出现了类似的变局。葛兆光教授借用《共产党宣言》开头那句著名箴言来形容严峻的形势："一个蔑视人文学科的幽灵，似乎已经在全世界徘徊。"本期吴万伟的文章，述评了欧美大学人文学科的生存态势和有关的各种主张，从中可以窥见一斑。然而，更需要思考的是，我们如何去应对这种变化。

听了葛兆光教授团拜会上的发言，我立即约请他写篇稿子。

很遗憾，因为手头事太多，他无法应承，但送我2012年发表的《人文学科拿什么来自我拯救?》，说基本的看法都在那篇文章里。他认为，"除了这些客观环境和外在风气，那么，人文学者是否也需要对自己的专业、知识、方法进行反省?""必须区分作为知识专业的人文学科，和作为良心及修养的人文精神，也必须区分经由严格训练而成的专业学术，和仅凭热情与模仿而成的业余爱好"，把专业学术基础夯实了，人文学科才能安身立命。另一方面，他又强调："除了需要人文学科守住专业的底线之外，更希望人文学者能够介入社会生活，深入大众领域，提出有意义的话题"；"影响了大众，反过来也确立了自身学科的价值。"所以，他呼吁人文学科建立自己的知识基础，认为这才是拯救人文学科之道。人文学科自身要反省是必需的，然而整个知识界难道不需要反思吗? 社会不需要反思吗? 葛兆光教授在团拜会上说了一句那篇文章里没有的话："今年是'文革'五十周年，记住不要革文化的命。"这句话在我脑海里久久回荡，不能挥去。

鞋子合脚好迈步

庆　年[①]

全面深化改革,是当今中国社会发展的滚滚浪潮,而深化教育改革又是这浪潮中的一股巨大洪流。中央全面深化改革领导小组自 2013 年末成立以来,迄今已经召开了二十三次会议,其中涉及科技和教育问题的会议多达六次。在两年多时间里,中央最高决策层接连就教育改革重大问题作出决定,历史罕见。尤其去年下半年以来,国务院、教育部密集出台各项高等教育改革举措,今年两会以后,中央政治局常委纷纷视察高校,让我们感觉到,深化高等教育改革的攻坚战正在吹响集结号。

建设中国特色的现代大学制度,是深化高等教育改革的核心任务,也是改革攻坚的火力点所在。究竟什么是现代大学制度,中国特色如何体现,学者们已经作了很多研究,改革实践者

① 作者:熊庆年。文献来源:复旦教育论坛,2016,14(03):1。

也作出了种种探索。然而，共识远未形成，路径尚未明晰，还需要更大的勇气去进行理论的批判和建构，还需要更加无畏的精神去进行实践的反思和创新。我们不难看到，已有的研究和实践探索多是以西方大学制度为参照系的，这本无可厚非，人类文明的成果是中国改革发展的重要资源。然而，一些研究者对西方大学制度的认识常常是概念化的，是脱离了具体时空的抽象认知，这显然会对认识西方大学制度的本质和发展带来局限。同样，对于中国现代大学发展的历程，也必须放在历史发展的长河中去审视，放在特定的社会场域和语境中去省察。否则，我们就很难讨论清楚所谓中国道路、中国模式的问题。这一期我们发表了罗燕关于现代大学制度建设的文章。作者把中国大学的转型放在全球化背景下去思考，提出了建构大学组织管理的新理性系统所面临的危机与挑战。作者认为，制度"生产什么样的价值观变得更重要且急迫"，"要使中国的大学屹立于世界之林，必须使学者得到学术价值的滋养，使学术伦理不再涣散而得以自立"。这是一种大视野、大时空的瞻望，是立足于中国土壤的理论思维。

深化高等教育改革另一块要啃的"骨头"，是民办教育的改革。国务院法制办提请全国人大常委会审议的《教育法律一揽子修正案（草案）》中，《民办教育促进法》原本包含在其中，然而2015年12月第十二届全国人大常委会第十八次会议的表决，只通过了《教育法》《高等教育法》的修正案，足见民办教育改革这块骨头之"硬"。事实上，围绕民办教育的性质和社会价值、民办教育在我国教育系统中的地位和作用、各类民办学校的法律地位和权利义务、民办学校的管理体制和经营体制等，一直都存在着各种不同意见，特别是在营利和非营利的问题上分歧较大，导致了法制和政策的诸多不确定性，妨碍了民办教育的健康发展，对民办高等教育的发展影响尤甚。今年4月，中央全面深化改革领导小组第二十三次会议，通过了有关民办教育改革的三份政策文件，为下一步改革指明了方向。如何推进这些改革，还需要实事求是地深入研究。本期我们刊发了四篇有关民办教育研究的文章，目的就在于推动中国特色民办教育制度建构的探索。

深化高等教育改革的攻坚克难，不仅需要更大的探索勇气，而且需要更加解放的创新思维。这种思维应是把握历史发展规律的，同时又是立足于中国现实的。用现成的框架去套，拘泥于已有的教条，结果只能是削足适履。"鞋子合不合脚，自己穿了才知道。"量好自己脚的尺码，才能做出合自己脚的鞋子。鞋子合脚了，才能迈开前进的大步。

风起于青萍之末

庆　年[①]

全国第四轮学科评估学校提交材料六月已经结束,弄得筋疲力尽的人们好像没有完全停止抱怨,围绕这次评估的种种议论似乎也没有消失。人们之所以未罢甘休,就在于它不单纯是一个学科评估标准问题,而是涉及学科评估价值导向、评估功能的运用、评估的体制和机制等重要问题。从大里讲,直接关系到"双一流"政策的实施。从小里讲,关系到各大学未来发展和生存的空间。这一风波实际已经成为一个高等教育领域的公共事件,不仅折射出我国高等教育评估的环境生态,更映照出了高等教育治理体系与治理能力的现状。

现代教育评估活动是一个价值协商的过程,这应当是学界的共识。按照第四代评估理论,价值系统多元化是现代教育的

① 作者:熊庆年。文献来源:复旦教育论坛,2016,14(04):1。

基本现实,评估者之间、评估者与评估对象之间,都存在着价值观的差异,教育评估就是一个不断协调价值观的过程。因而,评估各主体的共同参与成为教育评估不可或缺的要素。其实,不唯教育评估,整个教育系统的运行何尝不是如此。多元利益主体共同参与,是教育治理体系现代化的重要特征。第四轮学科评估恰恰是在这个方面受到质疑。比如遴选 A 类期刊,主持机构申明,请了几个专业机构依据文献计量学方法,参考影响因子、声望指数等指标,经综合分析提出初选名单,再请全国博士生导师进行网络投票,然后由国务院学位委员会学科评议组推荐,形成各学科的"A 类期刊"清单。究竟有多少博士生导师参加了网络投票,咱们不得而知,然而作为博士生导师的笔者以及所相识的多数博士生导师并不知晓此事,这不免使人觉得蹊跷。笔者也问过相识的国务院学位委员会学科评议组成员,似乎他们没有太当回事。实际上,仔细琢磨这一清单,人们心知肚明,背后有掌握话语权的某些特定利益团体的影子。

在法治社会,公共事务决策当遵守程序正义,也越来越为人们所认同。也就是说,在决策过程中,要有多样的渠道和确定的规则,保障多元利益主体的知情权、发言权和参与权,对涉及切身利益的公共事务各方的诉求应能够得到反映。这样才能在多方参与过程中找到最大公约数,对由此形成的公共决策能够取得最大共识,尽可能做到公平和合理。程序正义是达到目标正义和追求结果正义的基本前提。第四轮学科评估之所以受到高校的极大重视,受到广泛的关注,概因评估结果可能与"双一流"政策挂钩。虽然并没有明文规定指出它们之间的关联性,但是以往的经验和有关方面种种明示和暗示都表明，评估一定是和资源配置联系的，故高校丝毫不敢大意。评估说是自愿参评，其实种种的约束条件使得高校不能不参评。所以，第四轮学科评估不是简单的一次评估活动，而是重大教育公共决策中的一环。然而，这一过程的"朝令夕改"，简直让高校无所适从。最初规定六月底提交评估材料，未久又改为五月底提交，后再改为六月底提交。填报材料的学科简况表，部分学科的迟迟不能出炉，直到五月十三日才提供齐备。简况表中的具体数据标准则在不断加以解释，赋以新的含义。A类期刊在遭到强烈质疑后，又匆匆取消。人们不免要问，这些决策是怎样作出的，其程序之正义性何在。

推进教育治理体系和治理能力的现代化，是我国教育综合改革的既定目标。管办评分离是实现这一目标的重要施策，已经出台相关政策文件。第四轮学科评估的组织者能否真正成为与教育行政脱钩的第三方评估机构，人们拭目以待。使教育评估活动符合教育发展的规律、符合教育善治的要求，人们更是翘首以盼。教育治理现代化不能成为空话，需要落实到具体的改革行动中。

退而结网，如何？

庆　年[①]

古语云："临渊羡鱼不如退而结网。"此意用来化解一些教育研究者，特别是高等教育研究者的焦虑，不知是不是恰当。

半年来，陆续传出几所国内著名大学撤销教育学院、划转高等教育研究所、调整甚至裁并教育学科的消息，引起了不少的议论和不安。某些大报还接二连三刊登长文讨论此事，有的抨击政策的过度功利导向，有的批评当事者搞学科 GDP 主义，有的批评高校领导目光短浅，有的批评高校决策拍脑袋。一时间舆论纷纷，不满之声弥漫。平心而论，这些批评都言之有理、言之有据。然而，这并不能改变既成的事实，估计也不能动摇那些计划对教育研究机构、教育学科"动手术"者的主意。

当我们不能改变环境的时候，我们只有改变自己。这是很

---

① 作者：熊庆年。文献来源：复旦教育论坛，2016，14(05)：1。

多人都说过的道理。有的文章从教育研究机构、教育学科自身来反思，这大概是一种更务实且理性的态度，可惜这样的反思实在太少了。实事求是地讲，教育学院、教育研究机构、教育学科被调整或裁撤，也有自身的原因。虽然各校情况并不完全相同，但是有一点大概是共同的，即自身不强大，不能很好地满足现实的需求。作为有较强实践性的教育学科，无论是面向整个教育领域，还是面向高等教育领域，理论上应当对教育现象有解释力，应用上该对教育实践有指导性。然而，实际情况却往往不是这样。大量的研究都是书斋式的，与一线的实践脱节，与社会发展脱节，既不能作出科学的理论贡献，又不能为教育改革实践提供有价值的方略和手段，研究在一定程度上变成了研究者的自娱自乐。这样说可能过于苛责，然不言之极而不知痛。

相对其他学科而言，教育学科由于历史短，以及高度的复杂性，所以目前学科成熟度不高，尚未形成系统的范畴、概念体系和独特的方法。高等教育在一些国家也不被认可为一门学科，而被认为是一个领域。应当承认，这是使得教育研究、高等教育研究"不给力"的原因之一，但我们不能以此为自身辩护。其实，越是不成熟，越是需要深入实际研究，越是需要到鲜活的教育生活中去探究。机构的存在危机，或者说学科身份危机，原因很大程度还在我们的研究不接地气，而不接地气的主要原因之一是不接触一线实践。回顾二三十年，在高等教育学术圈里，学科发展、学科体系建构这类话题，已经成了老生常谈，著作论文上千，可坐而论道，解决不了现实问题。

十几年前，院校研究（Institutional Research）被引入国内，这本来是一个很好的契机，可以给高等教育研究注入新元素，推动学科朝着面向实践、服务实践的方向发展。遗憾的是，进展并不理想。外部的客观限制固然有很多，但是从主观上来反思，研究者沉湎于院校研究的研究，又陷入传统的窠臼，不能不说是一个原因。一些推崇院校研究者不能把院校研究的理论和方法施之于自己所在学校，去努力摸索本土实践的范式，的确令人费解。好在越来越多的研究者在觉醒，在开始一锄一耙地耕耘。本刊这期发表了两篇关于院校研究组织建设的文章，从中不难看到，不论是在美国还是在中国，不论采取什么样式，做出了实实在在贴近大学实践的研究，就会得到认可。正所谓：有为才能有位。

据说高等教育学科的龙头老大——厦门大学教育研究院最近连续召开研讨会，深入探讨新形势下高等教育学学科建设问题。我们有理由相信，这是反思的研讨会，是促进高等教育学科转型升级的研讨会。我们也有理由相信，教育研究、高等教育研究的广阔天地大有作为。关键在于行动，在于面向实践的行动。套用 G20 峰会习近平总书记的一句话共勉："让高等教育研究机构成为行动队而非清谈馆。"

宝岛归来话心声

庆　年①

清秋十月,淡水河畔,风轻云浮。大屯山岭,层林未染,依旧郁葱。我们大陆高校一行十人应中国台湾淡江大学教育学院之邀,赴台北参加 2016 年海峡两岸高等教育论坛。首日会间茶歇,众人步于阳台,偶见彩虹横跨山间,于是纷纷摄影留念。笔者观之,题《五绝》一首:"忽见青山外,霓虹几步遥。天公知众愿,解带架津桥。"

第一届海峡两岸高等教育论坛始自 2003 年,本次为第十三届。回顾历届论坛的主题,从展望新世纪发展前景,关注变革,关注人才培养,到关注高校内部治理,关注校务研究,关注质量保障体系建设,两岸学术同行的关注总是那样的契合,总是有那么多的共同话语。本届论坛主题为:高等教育质量保证、创新发

① 作者:熊庆年。文献来源:复旦教育论坛,2016,14(06):1。

展及追求世界一流。虽然两岸高等教育发展境况不尽相同,现实矛盾也各有差异,但是,追求品质,创新发展,则高度一致。学术交流既有现状分析,又有前瞻思考,更有比较和借鉴。同行者皆称不虚此行。

笔者已经是第三次赴中国台湾参加学术论坛,此番感慨最深的,还是中国台湾同行的专业精神。10 月 17 日上午,台北市立大学吴清山教授主持第二单元研讨。他首先提到,当日《中国教育报》刊登了教育部长陈宝生在武汉高校工作座谈会上的讲话。对陈宝生部长提出的"高等教育要做到四个'回归'",他作了非常精到的诠释。可以听得出来,他不是为了迎合来客,也不是为了炫耀,而是表达了对大陆高等教育发展的一种理性认识。话不经意,听者有心。笔者闻之,肃然起敬。在财团法人高等教育评鉴中心的研讨交流,让我们动心的不只是该中心十年运作的有效,不只是他们成绩斐然的事业拓展,更是他们"公正专业、追求卓越"的理念,以及在行动中的贯注。作为一个第三方的评估机构,他们把公正、专业看作是他们"安身立命"之本,并熔铸到制度当中,体现在日常工作上。在中国台湾,院校研究(IR,中国台湾称校务研究)起步比大陆晚,然而俨然已成燎原之势,后来居上。从交流中可以切实体会到,中国台湾的同行们并不是坐而论道,而是抓住大数据时代的有利时机,专业化地推进,实实在在地为所在高校提供服务。

中国台湾同行们的专业精神,很大程度上来自于他们的使命意识。在中国台湾东华大学花师教育学院,听特殊教育学系林坤燦教授介绍残障人高等教育,我们不能不感叹该系为推动中国台湾相关立法、公共政策落地所付出的巨大努力，不能不赞赏他们为残障学生接受好教育所给予的无微不至的关怀。言谈之中，熠熠闪烁的是"博爱"的教育理念，以及勇于为发展残障人高等教育担当的意志。在中国台湾政治大学教育学院，教学学术的发展是交流的主要话题。我们不难发现，他们深入教师工作一线，注重从实际出发推进教学改革，源自于对高校教师发展的高度责任感。在该学院开辟的学生活动场所，我们很容易地就体会到，为学生沉浸到通识教育之中所作出的精细考虑。在淡江大学，薛雅慈教授给我们分享了她对全中国台湾高校书院形态和特色的研究报告，没有专业主义的秉持，恐怕是做不出那样全面而深入的研究来的，而这背后是对推进通识教育的使命追求。

宝岛归来，感悟良多。回到现实情境，更多了几分理性和沉着。我们不必庸人自扰，为一些撤销或划转教育学院的消息而愤愤不平，为高等教育学科得不到重视而耿耿于怀。而是应当正视现实，勇于担当，走出书斋，回应需求，深入一线，转换范式，用接地气的专业研究，服务于高等教育改革与发展的实践，不断提升高等教育学科的品质。有为才能有位！

良法善治须加力

庆 年[①]

又到除旧迎新时。媒体上,形形色色的年度"回顾""盘点""十大……"接踵而至,令人目不暇接。人们回首过去,瞻望未来,为的是探寻新一年的进路。然而,观者身份不同,视角各异,尺度不一,所见未必相同。从高等教育治理的角度看,笔者以为,2016年最值得一提的有三件事:一是新修订的《中华人民共和国教育法》《中华人民共和国高等教育法》开始施行;二是《中华人民共和国民办教育促进法》修正案经全国人大常委会审议通过;三是全国普通高校大学章程全部完成核准。

亚里士多德有句名言:"法治应包括双重意义:已成立的法律获得普遍的服从,而大家所服从的法律本身是制订得良好的法律。"如今,其精神已经成为社会的共识。"法律是治国之重

---

① 作者:熊庆年。文献来源:复旦教育论坛,2017,15(01):1。

器,良法是善治之前提",中央的文件写得明明白白。全面推进依法治国,首在确立良法之治。全面推进依法治教、依法治校同理,于是有《教育法律一揽子修正案(草案)》之议。虽然历经三年,且分两次获得通过,但是"靴子落地"终成现实,我们应当为此感到欢欣鼓舞。事实上,中国教育法治正在不断推进,若干关键问题成为教育法制的重要议题,有了新的突破。比如,人们十分关心的学术权力在高等学校的地位问题,已经越来越明了。也许大多数人都没有意识到,教育部2014年颁布的《高等学校学术委员会规程》,是中华人民共和国成立以来的第一个关于高校学术权力的规范性文件。它的颁布和实施,为中国特色现代大学制度建设确立了一个基本要件,为高等学校治理结构优化作了方向性的指引,对于正本清源,使高校运行真正回归学术共同体的本质,具有十分重要的意义。新修订的《中华人民共和国高等教育法》,明确了学术委员会在高校的地位和职责,把学术权力的规定性上升为法律,成为国家的意志。可以这么说,学术委员会制度的法制规范形成,是中国高等教育法制史上一个里程碑式的事件。

　　良法与善治都不会自动到来,也不会一下子形成,肯定有一个不断完善的过程。对于中国高等教育而言,这一过程可能很漫长,因为我们缺乏法治的基础和文化。大学章程建设的情况很能说明这一点。1995年教育部提出了制订大学章程的要求,之后又一而再、再而三地重申,但是应者寥寥。到2010年,制订了大学章程的公办高校不过二三十所。《国家中长期教育改革和发展规划纲要(2010—2020年)》把制订大学章程作为现代大学制度建设的重要一环提出,教育部明确了要求和进程,发布了数个规范文件,建立了相应的工作机制,大学章程建设才得以加速。2016年,大学章程核准工作终于完成。从无章可循到建章立制,无疑是教育法治的一大进步,应当予以充分的肯定。不过,又不能夸大其意义。抽样调查表明,高校师生参与大学章程制订的程度普遍不高,大学章程文本宣示性强而可诉性弱,外部治理关系不明确,内部权力规范程度不高,反映各高校个性特点不够,章程实施、监督、修订体制不健全,诸如此类的问题不同程度地存在。很显然,大学章程核准任务的完成,并不是大学章程建设的终点,而是大学章程建设的入轨。构建以大学章程为核心的中国特色现代大学制度体系,才刚刚迈出第一步。提高依法治校、依法治教的能力和水平,还有许多坎要跨过去。

良法善治是中国高等教育腾飞的基础,值得我们锲而不舍地付出努力。本刊今年辟教育法治专栏,冀各方贤能不吝惠赐,为加快中国高等教育法治建设贡献智慧。

以传统为滋养 以未来为指引

庆 年[①]

丁酉春节,感到特别开心,因为收到两份意外的"礼物"。除夕前,加拿大约克大学查强老师发来与清华大学教授合写的文章《是否存在另一个大学模式?———关于中国大学模式的讨论》。元宵刚过,香港大学教育学院李军老师发来所著文《教师教育的中国模式———引领全球改革的经验与启示》。两篇文章都在境外用英文出版过,作者都认为有必要译成中文在中国再次发表。而且,两篇文章内容都涉及"中国模式",查强老师、李军老师又都是从中国内地走出去、在国外获得博士学位、学术有成的教育学者。拜读之后,不禁浮想联翩。

为什么会是他们提出这样的问题? 是不是"不识庐山真面目,只缘身在此山中"? 也许是,因为跳出去,才能够"将中国大

① 作者:熊庆年。文献来源:复旦教育论坛,2017,15(02):1。

学模式的叙事放在更为宏大的全球化框架之中"去观察分析。也许不是，因为在现实的语境中，我们很多人已经形成以西方为标尺的思维，以至于一叶障目，看不清自己的特质。有一件事引起的反响是耐人寻味的。上海市中学生连续两次在经合组织举行的 PISA 测试中取得第一后，很多人开始为中国教育模式大唱赞歌。尤其英国教育和儿童事务部副部长率团来沪取经，并且决定半数小学采用中国的数学教学方法，有人觉得"填鸭式教育也有高人之处"。然而，在 PISA2015 测试中，我国北上苏广 4 省（市）参加，总分仅名列第十，又有人回到从前的老调——"咱们原来还是不如人"。不管哪种说法，思维的共同点是，对中国教育模式缺乏基本的自觉。高等教育何尝不是如此！在我们讨论中国高等教育模式、中国现代大学制度特色的时候，判断的主要尺度是什么？相信大家心知肚明。

学界谈论中国教育发展模式、中国特色现代大学制度，应当说已经有些时候了。中国模式有哪些特点，究竟怎样才能成就中国特色，仁者见仁，智者见智。两篇文章在讨论中国模式的时候，都提到了一个共同因素，即与儒家思想的关联性。无论他们的观点如何，有一点是肯定的，他们都认为民族文化是更为深层的东西，传统是构建中国模式、形成中国特色的重要资源。这一见解颇有见地。的确，我们对传统文化资源缺乏足够的重视，"文革"对老祖宗传下来的东西弃如敝屣，遗风流毒至今还在产生影响。中国教育模式也好，中国特色现代大学制度也好，一定根基于教育文化的民族自觉，而这种自觉又根源于教育文化的自信。如果我们对自己的历史和文化缺乏最基本的自信、最基本的尊重,教育文化的自觉和教育模式、教育制度的创新也就无从谈起。言至于此,忽然想起做四川泡菜。懂行的人知道,要做出好味道的四川泡菜,除了器具、投料、操作等必须符合要求外,还有一个关键性要素,即要兑上一定量的泡菜老卤。如果没有老卤,泡菜尽管也能做成,但是就出不来好味道。教育传统资源的文化价值就如这四川泡菜的老卤,没有它,就成就不了中国教育模式、中国现代大学制度的"好味道"。

　　传统是我们的滋养,未来则是我们的指引。中国教育模式、中国特色现代大学制度建设一定是面向未来、与时俱进的。我们需要回应瞬息万变的时代要求,回应风云激荡的世界呼唤。现代性的要义在于,不断接受时代的挑战,并彰显主体的精神追求。教育发展创新和教育特色锤炼是一体两面,相互依存。面向未来的创新,正是铸就中国特色的熔炉。本期我们刊登了一篇新工科研讨会综述和《"新工科"建设复旦共识》,我们期待"新工科"不仅为"中国制造2025"提供动力,而且也为中国教育模式、中国特色现代大学制度建设提供新动力。

便向根心见华实

庆 年[①]

仲春时节,万木葱郁,繁花似锦。复旦园里,群贤云集,相聚盛会。第三届博雅教育国际论坛在这里举行。习俗有言,春华秋实。论坛的举行,正应春时,暗合事理。着眼世界的未来,夯实本科教育的根基,大学才能源源不断地向社会输出栋梁之材,才会收获服务社会进步、人类发展的丰硕果实。

"培根利秋实",这是自然规律。育人如树木,当把力用在根基培养上。然而,在社会的急速发展中,追逐现实功利的浪潮使得许多人舍本而求末,只关注眼前的、现实的功用,一些学校教育偏离轨道,忽视人全面、长远的发展。尤其高等教育,直接与职业关联,更容易陷入浮躁的喧嚣之中,走向工具化、功利化。而知识体系的急剧膨胀和分化,又使得教育体系发生割裂,人才

---

① 作者:熊庆年。文献来源:复旦教育论坛,2017,15(03):1。

培养被窄化、碎片化。育人的根基被动摇，必然走向浅薄和短视。因而，与教育功能和体系异化抗争，就成为高等教育不得不面对的时代命题，中外概莫如此。无论博雅教育、通识教育，还是人文素质教育，其旨虽各有所致，但目标不外是让教育回归根本，回归本来应有的价值追求。

未来人才的培养当从根本上着眼，已经成为很多人的共识。但是，这个根本究竟是什么？人们观点并不一致。其实这很正常，因为不同层次、不同类型、不同发展阶段、不同特点的大学育人有不同的目标追求，看法就会有差异。哪怕同一所大学，人们的理解也可能不同。本届论坛的倡议者、复旦大学老校长、年过八旬的杨福家先生，快语真言，直指本心。"论坛是研讨会，就要允许争论"。他对一位复旦本校嘉宾关于通识教育内涵的理解就表示了保留意见。交锋才会产生新的思想火花。在一次提问环节，有听众提到了专业教育与通识教育的关系问题，在嘉宾回答完提问之后，杨先生要过话筒插话："忘掉专业！"他讲了复旦大学物理专业某位校友的故事：该生长于模型计算，到美国留学，把模型计算用于金融，成为金融界翘楚。他强调，专业并不重要，关键要学会知识迁移，涵养智慧。此为一家之言，故事十多年前就听杨先生讲过，这次提到，他又补上了一句："像复旦大学这样的大学，学生可以忘掉专业，但是，应用性大学不能忘掉专业。"言下之意，当因校以制宜。

无论"博雅教育"还是"通识教育"，都是舶来品。如何给它们注入本土文化内涵，这是本届论坛学者们讨论的一个话题。不久前在《文汇报》上读到一篇书评，为朱振武主编《英美文化思辨教程》而作,题目就是"建构中国的通识教育"。其中有一段话颇得本土化内涵的要旨:"事实上,以美国为代表的通识教育模式汲取了博雅/自由教育中的自由精神,旨在实现人的全面发展,其实质是近代以来工业化和民主化语境下对这一古老传统的现代化改造。通识教育在中国的勃兴即是在改革开放的背景下本土传统和异域经验合流的结果,其中体现了人文精神的交融与和合。"作者杨世祥认为,我们在借鉴西方概念推进通识教育时,一定要"坚守本土立场,对其所负载的价值体系予以鉴别和厘清,并引导学生进行客观理性的思辨,实现本土立场的价值嵌入";要"以中国的现实土壤为立足点,考察古往今来人类文明发展的谱系与脉络,进而在整体文明史的视域下审视当今主要文明存在的问题,其终极目标是树立人类命运共同体的意识,为陷入普遍危机与困顿的当下世界寻找出路"。简而言之,我国大学推进通识教育,要形成自己的话语体系。培育根本,要滋养在根心上。

枝繁叶茂赖根深

庆　年①

　　去年12月,大连理工大学举办了"二级学院治理——权力运行制约与监督"研讨会。这大概是国内首场以院系治理为主题的研讨会,引起了不少同行的关注。今年5月下旬以来,在不到一个月的时间内,笔者参加了两场类似主题的研讨会。一是院校研究会主办、上海对外经贸大学承办的"中国高校院系设置与治理改革"学术研讨会,一是浙江师范大学教育科学研究院与《探索与争鸣》杂志联合举办的"高校内部治理体系创新的理论与实践"研讨会。如此集中地就同类主题开展专题研讨,反映了当下人们对深入推进现代大学制度建设重点的判断,换个角度看,或许反映了改革所遇到的瓶颈问题。

　　《国家中长期教育改革和发展规划纲要(2010—2020年)》把

① 作者:熊庆年。文献来源:复旦教育论坛,2017,15(04):1。

推进现代大学制度建设作为高等教育改革的重要任务。经过六年多的努力，取得了若干实质的进展。几乎所有公立高校都制订了大学章程，并得到政府的核准。大学法人的基本条件得以满足，依法治教、依法办学的基础得以确立。以党委领导下的校长负责制为核心，学术委员会、理事会、教职工代表大会为组合，这样一种大学顶层治理基本架构普遍确立，并且制度化了。尤其是教育部《高等学校学术委员会规程》的颁布实施，以及新修订的《高等教育法》对学术委员会在大学治理中地位的规定，使得学术权力的恰当配置、合理行使得到高度重视。在改革中，人们对于推进现代大学制度建设的价值、目标和任务，共识在不断增加。与此同时，对改革的艰巨性、复杂性和深层问题，有了更清晰、更深刻的认识。如今，学术工作者和一线实践者不约而同地把目光投向大学基层组织，二级院系成为研究热点、焦点，不是赶浪潮，不是追时髦，而是推进现代大学制度建设的发展必然。

有贤者说，"大学是底部沉重的学术组织"。有贤者说，"大学之学术基础在于专业系所"，"学校发展真正持久的驱动力在院系"。也有贤者称，"大学的价值在于多元专业的汇集与统合"。如此种种，无不强调大学基层的重要，强调其多元多样的特征。在我国，二级院系既是人才培养和学术生产的组织单位，又是人员编制、资源配置、财务核算、行政管理的基本单位。对教师而言，二级院系是他们的学术化生存之地，学科专业分野的区隔，利益共同体的结成，全系于此，息息相关。对学生而言，学习生活社群的形成，师徒关系的明确，专业身份的认同，也都在二级院系。所以，二级院系往往又是矛盾和冲突的发生之所，权力和权利的交集之处。现代大学制度注重师生民主参与治理，参与的主要场域和渠道，也还是在二级院系。民主参与肯定不是简单的每人一票，利益的考量、关系的权宜充满博弈。就某种意义来说，二级院系的治理更艰巨、更复杂、更具有实质性和挑战性。

不能不承认，在长期"行政化"体制之下，院系的办学自主性被削弱。推进现代大学制度建设，实现大学治理现代化，一个重要的目标，就是让院系做自己的主人，激发大学组织的活力。关键在于权力的合理配置，包括大学与二级院系的纵向权力配置，也包括二级院系横向的权力配置。根据笔者的调查，人们在这方面还远没有形成共识，二级院系治理还有很多问题需要探索、破解。此文草就之时，适逢中国高等教育学会第七届代表大会召开，同期举办的学术论坛，治理问题依旧是关注的主题之一。我们期待同仁们继续努力，下真功夫，出好成果，促进现代大学制度之根深深扎入土壤中。

大学之美

庆　年[①]

今年暑假,"国内多所名牌大学推出限客令"成了新闻。起因是北京大学和清华大学对校外游客采取了若干限制性措施。暑假逛名校,十来年前就开始时兴,今年此风尤甚。笔者有亲身体验,28 楼办公室外的走廊,几乎每天都可以见到游客张望的身影,听到游客叽叽喳喳或窃窃私语。电梯里偶尔还会碰到游客打听,30 楼是否能看到复旦大学全景。面对这种情况,大学陷于两难:从道理上说,学校是公共机构,公众有权利自由进出,不能封闭校园;从实际来看,过多的人员涌入,确实给校园管理带来麻烦,给业务活动带来干扰。采取限客措施实不得已,应当可以理解。所以,今年的舆论大多对限客令给予了支持。而且,参观名校之风已经刮到了国外,世界名校因中国游客过多而招致当

① 作者:熊庆年。文献来源:复旦教育论坛,2017,15(05):1。

地人抱怨的新闻,也屡屡见诸报端,维护国人海外形象同样引起了关注。

　　校园成公园,是大学风景之美令公众神往? 可能不完全是。正如有人批评的那样,现在的参观校园染上了过度功利主义的色彩——追逐名校、沾沾"仙气"之类。然而,也并非尽是那样。据说《哈佛杂志》曾有评论:"对中国人来说,哈佛就像高等教育的麦加圣地一样:世界上最伟大的大学,值得不远万里前去朝拜。"这种朝圣的心态,未必不是好事,因为它可能意味着一种精神的向往。笔者去海外,每到一地,总要设法去当地的名校走走。还记得,在德国柏林大学,当我看到洪堡兄弟的雕像,看到学校大厅墙上镌刻着马克思的名言"哲学家们只是用不同的方式解释世界,而问题在于改变世界",不免心潮澎湃。也记得,在美国斯坦福大学教育学院,看到走廊悬挂着一排排在该学院从教过和正在从教的教授的照片和介绍,崇敬之情油然升起。同样记得,在日本京都大学化学部,看到玻璃门上印着几位该学部诺贝尔奖得主的名字,久久凝视而感慨万千。诸如此类,将心比心,对朝圣者而言,参观名校可能就埋下了一颗理想的种子。大学之美更在于其精神气质,如果能打动游客,那真是件值得庆贺的事。其实这也给中国的大学提出了一个问题——如何向公众去展示自己的美。

　　在 8 月中旬的 2017 上海书展上,买到一本蒲实、陈赛等著的《大学的精神》。这本四百多页的书,笔者花了整整两天一口气读完。是什么吸引了笔者呢? 是因为它着力在描绘世界一流大学的气质之美。这部书不是文献演绎之著,不是走马观花之作,更不是励志鸡汤之汇,而是洞察之得、交心之精、体悟之华。几位作者"历时七年,追寻 7 所世界顶尖大学的精神底色,重新思考教育的意义",所以才会撞击读者的心灵。一个细节很能说明作者之用心。他们采访到,"哈佛的学位证书最后一句话是,这本证书随'所有的权利与特权'授予你;而耶鲁的学位证书上最后一句是,随'所有的权利与责任'授予你。对我来讲,'特权'与'责任'有天壤之别。"大学个性气质可见一斑,而美就在这个性之中。"代表精英意志的哈佛、培养社会领袖的耶鲁、作为硅谷心脏的斯坦福、成为现代绅士摇篮的牛津、为读书而生的剑桥、让梦想起飞的麻省理工、思辨之地海德堡",在作者的笔下栩栩如生。

昨天,有幸参与复旦大学新教师研修活动。新教师们大都有海外一流大学的学习经历,在比较中外大学的时候,笔者发现他们对大学之美的鉴赏力已经超越我辈。有一位新教师告知,他拒绝了数百万年薪的诱惑来复旦工作。这是大学的魅力所在!感动于他们的诚心,相信中国大学之美一定会在他们手下得到崭新的创造。

惊回首　离天三尺三

庆　年[①]

1977年10月21日,高等学校招生进行重大改革的消息像一声春雷,响遍神州大地。同年12月3日,还是知青的我走进了考场。还记得当年语文作文题目是"难忘的时刻"。我用周恩来总理和毛泽东主席逝世、粉碎"四人帮"时拍的几张照片,串起了这个话题,一气呵成。2个半小时的考试,1个多小时就完成了,第一个走出了考场。40年过去,那情那景历历在目,因为它已经成为我心中难忘的时刻。1978年3月,我走进了大学校门,人生道路从此改变。其实,那何止是个人的难忘时刻,也是人民和国家的难忘时刻。拨乱反正由此拉开序幕,教育改革从此启航。

高等学校招生制度是国家教育制度的重要组成部分,它所关涉的是国家基本的政治框架和社会运行机制,体现的是社会

---

① 作者:熊庆年。文献来源:复旦教育论坛,2017,15(06):1。

基本的价值观。1977 年恢复统一考试制度，彻底否定了"文革"中那种靠政治推荐、讲身份而不讲知识的"极左"制度。作为国家的记忆，这一事件镌刻在共和国的历史丰碑上，意味着斯文扫地荒诞时代的结束，意味着崇文重教社会风尚的再振，更意味着公平正义价值的回归、公民受教育权利的确定、平等社会流动制度的重返。公平正义是现代社会基本的价值追求，接受教育是现代社会公民的基本权利。高等学校招生制度直接决定公民受高等教育的机会，机会的平等直接反映社会的现代化水平。在一定意义上可以说，没有 1977 年高考的恢复，就不会有几十年来中国现代化的快速发展。

1977 年恢复高考，全国录取了 27 万高校新生。2016 年全国普通高等学校招生达到 748.61 万人，是 1977 年的近 28 倍。1977 年全国高等教育毛入学率为 1.55%，2016 年毛入学率达到 42.7%，40 年增长了近 27 倍。我国高等教育 2012 年进入大众化阶段，再过几年，就将跨入普及化阶段。目前各种形式高等教育在学总规模达 3699 万人，我国已经毫无争议地成为世界高等教育第一大国。人民群众接受高等教育的机会极大地增加，这是改革开放的巨大成就。然而，必须清醒地看到，人民接受高等教育的需求在水涨船高，对教育公平的诉求也上升到新的水平。党的十九大报告指出，"中国特色社会主义进入新时代，我国社会主要矛盾已经转化为人民日益增长的美好生活需要和不平衡不充分的发展之间的矛盾。"这一论断在高等教育领域也是切中其要的。高等学校招生考试成为社会普遍关注的民生话题，正是其缩影。进一步推进高等学校招生制度改革，势所必然，使命重大。

　　考试以选材是中国人的一大发明。曾经延续千年的科举制度，体现出的不只是政治智慧，亦是教育的追求和导引。公平考试，合理选拔，是其制度价值所在。孙中山先生曾经考察世界各国公务员制度，诧异中国科举竟为其源头，而惋惜现代本土人们弃之如敝屣。历史的经验值得注意，科举作为考试制度被废，其中一个重要的原因就是，它自身已经被异化。考试内容的僵化、陈腐，使得考试沦为谋取仕途的工具。如今，高等学校招生考试如何避免极端的功利化，如何发挥"指挥棒"的正向作用，还需要付出不懈的努力。不管怎么说，高考仍然是当今最公平有效的制度。更加公平、更有质量地实现其社会功能，是综合改革面临的重大课题，需要大智慧。本期刊发了三篇论文，纪念恢复高考40周年。我们期待有更多的研究来深入地探讨高考改革的问题。

　　毛泽东《十六字令》有词："山，快马加鞭未下鞍。惊回首，离天三尺三。"1977年恢复高考，给中国带来了科学的春天、教育的春天。我们也期望新高考改革，能够为高等教育攀上新高峰加力。

奋进便是春来处

庆　年[①]

　　40年前，也就是1978年的初春，是有生以来记忆最深的一个春天。这不只是因为，在那个春天，我走进了大学，成为了一个名副其实的大学生。更是因为，在那个春天，改革开放的种子破土而出。1978年3月18日，全国科学大会召开。邓小平在讲话中作出了"科学技术是生产力""知识分子是工人阶级的一部分"的重要论断，开破除迷信、解放思想的先声。时任中国科学院院长的郭沫若先生，在闭幕式上发表书面讲话，宣告了"春天"的到来："这是革命的春天，这是人民的春天，这是科学的春天！让我们张开双臂，热烈地拥抱这个春天吧！"那拥抱春天的激情，即尔化成了批判"读书无用论"、破除"两个估计"的子弹，化成了大学生们如饥似渴、你追我赶的学习热潮，化成了教师们拨乱反

① 作者：熊庆年。文献来源：复旦教育论坛，2018，16(01)：1。

正、把损失的时间抢回来的冲天干劲。中国高等教育的改革春潮，从此一浪高过一浪。

40年过去了，回首走过的历程，改革是中国高等教育发展最强劲的动力。从1985年《中共中央关于教育体制改革的决定》，到1993年《中国教育改革和发展纲要》，到1998年《面向21世纪教育振兴行动计划》、1999年《中共中央国务院关于深化教育改革，全面推进素质教育的决定》，再到2010年《国家中长期教育改革和发展规划纲要（2010—2020年）》，可以清晰地看到改革一脉相承。无论是破除管理体制机制的束缚、激发高等学校自主办学的活力，还是形塑更加符合人才培养规律的体系、催生中国特色的现代大学制度，无不体现出奋进革新的精神。每一项改革的提出，都是对已有观念和体制的突破；每一次改革的推进，都会给事业发展带来一次飞跃。正是这一项项改革、一次次的飞跃，构成了中国高等教育发展的华彩乐章。可以肯定地说，没有改革的攻坚克难，就不会有我们今天的高等教育大国。而这一切的源头，都始自于那个春天。

40年后，中国高等教育已经站在了新的起点上。"双一流"建设，正在驱动着我们朝高等教育强国的新目标进发。然而，"双一流"究竟能否实现，人们则有不同的看法。不久前，厦门大学的邬大光教授访问了一些国际知名的教授，把他们的观点分为"悲观论"和"乐观论"，或者介于两者之间的"骑墙论"。观点分歧的实质在于是以什么标准来看待一流。"悲观论"被认为是西方中心主义的，以西方现代大学模式为标准的。"乐观论"被认为是多中心主义的，认为可以创造出有别于西方现代大学模式的其他模式。不管持论如何，这些国际知名教授都是善意的，期望中国高等教育现代化的道路走得更好。对我们而言，却是一个值得深思的问题。未来的改革，我们的目标指向在哪，与此相关。邬大光教授在一次国内的研讨会上，做了一个现场小调查。发现与会者赞成"悲观论"的要大大多于赞成"乐观论"。令人不解的是，中国知网的高等教育研究文献中，却只有持"乐观论"的，而没有持"悲观论"的，更没有"骑墙论"的。笔者以为，这里的"乐观论"并非自觉、理性思考的结果。这倒是最需要反思的。今天的改革不能再"摸着石头过河"，应当更加具有自觉和理性。坦率地说，我们的高等教育研究还不能满足改革的这个要求。如何建立强烈的具有时代和现实感的问题意识，如何更加专业化地展开真问题的研究，是高等教育研究的真命题。

解放思想是改革的火车头，也是高等教育研究创新的引擎。走进新时代，再写春天的故事，需要我们共同奋斗！

我们需要"美的眼睛"

庆　年[①]

三月初,已是早春时节。清华园晨风依旧丝丝寒意。从甲所出来,绕过工字厅,后面就是水木清华。池水成冰,轻波正凝。枯荷根短,参差不齐。汉白玉朱自清先生坐像,与亭台相对,楹联匾额,典雅娟秀。穿过熙春路,便是近春园。湖水半冻,岸树唯枝,鹊巢在杪,鸟语高声。朝阳初升,蓝天霞飞,石桥拱明,亭阁松青。好一幅近春曦照图。绕园一周,再穿熙春路,循小径,至大草坪。这里则别是一番天地。科学馆、清华学堂、大礼堂、图书馆,错落有致,相围成庭。北美风格,端庄厚重,精致典雅,开阔静穆。与前游之园左右相望,对映成趣。中西双璧,相嵌无痕。每至清华园,只要时间允许,必定流连其中。因为清华的建筑精华尽在于此。

① 作者:熊庆年。文献来源:复旦教育论坛,2018,16(02):1。

是日中午,数友相邀,会前闲步。行至主楼广场,两旁学院楼群鳞次栉比,构造各具几何形状。徜徉其中,似曾相识,却又不辨所自。恰到建筑馆前,仰观宏构造型,与友议论,传统乎、现代乎? 中式乎、西式乎? 不禁想到,清华建筑系,曾为国内翘楚,若梁思成公再起,会有此构么? 这一区域,其实也不是第一次来,然而离去之后,这些建筑群在记忆中很快就会模糊。说起清华园,立马能想起的,仍旧是工字厅、水木清华、近春园,是清华学堂、大礼堂、图书馆。有这种印象的好像并非笔者一人,同行诸友亦言有同感。

何故如此? 建筑是一种符号,符号的底面是理念、是文化。有文化蕴含的建筑,才有个性风格,独具特色。有特色的建筑,方可视为艺术,才会印进人们的脑海。据说,清华大学早期建筑分为三个阶段建造,最早是中国传统建筑,中段为西洋古典式,后期为近代折衷式。美国建筑设计师亨利·墨菲是奠定清华早期建筑风格的主谋,这位毕业于美国耶鲁大学的建筑师把美国校园建筑样式带到了中国,但他很快意识到中国传统建筑元素的文化价值。亨利·墨菲和他的学生先后为清华以及数所中国教会大学设计校园或主要建筑,无不体现吸收中国元素的匠心。他也因此成为当时中国建筑古典复兴思潮的代表性人物。近一个世纪过去了,那些校园或建筑的独特魅力仍然为人们所津津乐道。

近二十年来,我国大学校园建设日新月异,校园和建筑营造的功能性、实用性达到一流水准的应当不会少,但是单就造型设计而言,给笔者留下深刻印象的没有多少。若用建筑艺术的标准来观察，那则是少而又少。很多学校建筑非常"现代"，非常"洋气"，但是却没有什么"味道"，缺乏独特的气质。原因就在于少有理念的指引，少有传统的继承和文化的考量，个性和特色不彰。甚至有个别高校领导人，求助风水先生来进行校园营造。哪怕在一些有历史、有传统的优秀大学，接续前贤，贯通血脉，运用本土元素和文化元素，营造有内蕴的校园和建筑，也成为问题。

这种现象或许具有一定的象征意义。在我国高等教育快速发展的进程中，大学追求一流，追求中国特色。然而，怎样才叫一流，怎样才是中国特色，可能还没有想得十分清楚。事实上，在一些排行榜里，有些大学已经世界一流了，有些大学已经亚洲一流了，有些大学已经国内一流了。但是，那些大学里的人们，未必就感觉到是一流了。内涵底蕴这种东西，是文化的现实存在，无法量化测定，可人们能够实实在在地感知到。就像建筑的"味道"，可以诉诸人们的感官，沁入我们的心灵。营造有"味道"的校园和建筑，需要亨利·墨菲、梁思成们"美的眼睛"。建设中国特色的一流大学，也需要有蔡元培们"美的眼睛"。

英魂远去有遗篇

熊庆年[①]

杜作润老师走了,走得那么突然。一场猝不及防的车祸,带走了他 79 岁的生命,也带走了他脑海中正在谋篇的论稿。从进入高等教育研究领域的 1984 年,到退休前的 1998 年,杜老师发表了 40 多篇高等教育研究论文,出版著作 6 部,不可谓不高产。1999 年退休后,问学不止,笔耕不辍,又发表了论文 37 篇,出版独著、合著 5 部,这足以让不少在岗的同仁汗颜。2013 年杜老师曾经获得中国高等教育学会授予的"从事高教工作逾 30 年、高教研究有重要贡献学者"称号,应当说是实至名归。要知道,全国获这一称号的仅有 30 人。他的学术细胞似乎没有因年龄增加而衰退,记得有一次和他聊到,中国已经快速进入老年社会,老年高等教育发展应当纳入公共政策研究的视野。不到半个月,他

① 文献来源:熊庆年。复旦教育论坛,2018,16(03):1。

就拿出了一篇有分量的论文。2014 年，他把退休后所写的论文结集，编成《大学教育科学发展学思录》出版。原想他大概是要为自己的学术生涯画上一个句号。没有料到他依旧在不断投稿，2015 年发表《如何重视我们的体育教育？》，2016 年发表《劳动教育——这是一个值得思考的问题》，2017 年发表《可持续发展教育，我们如何开始？》。退休之后的他，一直没有中断对大学教育科学发展的沉思，没有停止对社会教育事业发展的洞察。究竟是什么力量让杜老师保持这样一种活力呢？我以为是他发自内心对教育改变命运的信仰。不止一次听他说过："我是四川乡下走出来的大学生，是新社会给我以接受高等教育的机会"；"应当让更多的乡下孩子走进大学"。

复旦大学的高等教育学科始建于 1984 年，杜老师是奠基人之一。那是一个改革开放、激情澎湃的时代。经历了十年"文革"磨难之后，高校百废待兴。带着为开放寻径、为改革探路的使命感，杜老师率领他的伙伴，参与了全国人力资源开发大调研，开展教育发展战略研究；组织翻译《教育经济学引论》《美国大学教育：现状·经验·问题及对策》等数部国外经典著作，以为借鉴；编著《世界著名大学概览》，为一流大学建设提供参考。让人啼笑皆非的是，十多年后居然还有人抄袭《世界著名大学概览》编成国外大学丛书。他在任的 15 年中，复旦大学高教所成为国内有影响的高教研究机构，成为学校改革发展的智库，复旦大学也成为上海市除师范院校外第一个拥有高等教育学硕士点的高校。高教研究要回应改革实践的关切，这是杜老师坚信的理念。杜老师本科是学数学的，毕业后留校教书。改革开放之初，曾经潜心研究飞行器设计中空气动力分析的数学模型。王文亮教授与其合作完成的"动态子结构方法的改进和推广应用",获得过上海市科技进步一等奖。后来,杜老师调入教务处工作。再后,由参与学校教务管理转向高等教育研究。杜老师之所以能够同样取得不俗的业绩,就是学习、学习、再学习,不迷信,不盲从,用科学的态度去研究实践中的真实问题。我们曾经讨论过,无论国内国外,为什么高等教育研究取得很高成就的大多非教育科班出身。他的回答是:高教研究本质上是创造实践性的知识,成功者往往有着丰富的大学管理实践经验,从实际出发,接地气,是不二法门。

　　2008 年,杜老师临近 70 寿辰,我们为他举办了学术研讨会。今年,为他办 80 寿辰学术研讨会,本在计划之中。如今此愿落空,成为永久的遗憾。好在他的著作和文章还在,我们可以不断从中汲取营养和精神动力。老早以前,杜老师就一次次提到,想写一部以"花"为名的长篇小说,而且和朋友讨论过构思。花是他家乡山间小路印在他脑中的意象,花路是他人生的象征。想必他在天堂能够静下心来写完这部小说。

教育法治建设迈上新台阶

庆　年[①]

近期参加了两个会。一个是 2018 年大学法律事务研讨会，有来自全国 56 所高校的 80 多名法律事务工作者参加。他们围绕法律事务部门的功能与定位、新《普通高等学校学生管理规定》施行的成效与问题、法律事务信息系统建设、师生关系中的权益保护以及大学法律事务同业组织的建设与发展等话题，展开了热烈讨论。研讨会是"民间性"的，召集人调侃地说，是微信群友的线下见面会。对此，笔者多少有些意外。这是不是表明中国大学法治建设正走向组织化的阶段？尽管大学法律事务机构的组织化形式各异，规模和专业化程度很不同，但从无到有，就是一个大进步。当然，研讨会不具有"官方色彩"，换一个角度解读，或许说明，大学对法律事务机构的认识还没有真正达到组

① 作者：熊庆年。文献来源：复旦教育论坛，2018，16(04)：1。

织"自觉"的阶段。因为在当前社会文化语境下,"官方色彩"是组织化的"标配"。

另一个会是上海市法学会教育法学研究会换届会议暨专题研讨会。国内教育学社团中的教育法学分支组织早就有了,而法学社团中的教育法学分支组织却是近年来才有的,且国内还不多见。上海市法学会教育法学研究会换届,第二届理事会成立。理事会成员包括有法学研究者、教育学研究者、各类学校涉法工作者、法官、律师以及教育行政机关法规部门的公务员。从第一届理事会的工作报告中可以得知,上海市教育法学研究会在跨学科研究、跨界对话、重大问题攻关、专题研究、教育法治宣传、政策咨询、构建研究平台等方面,都有所展开。第二届理事会计划有更多的作为,更有效的运行,更深入的拓展,值得期待。会议所进行的专题研讨,围绕近十年上海教育诉讼案例展开。在历时的观察中,可以深刻地体会到教育法治的进步与面临的挑战。

如果说两个会议的召开,打开了一个观察教育法治面上推进的视窗,那么两个事件的发生,则提供了一个放大器,使笔者能从点上去感悟教育法治意识的觉醒。一件是校园性骚扰案重新进入公众视野。年初某校有女博士实名举报某教授性骚扰。清明时又有某校几位同学实名举报 20 年前大学老师性侵一位女同学,导致该女生跳楼自杀。由此引起社会的广泛关注,围绕防止校园性骚扰,人们展开了深入的讨论。从难于启齿到实名举报,从高校个案到演绎为公共事件,反映的是社会对正义的追求,对推进教育法治的呼唤。

另一件是北京大学学术委员会章程的修订。成立于 1979 年 4 月的北京大学学术委员会,2004 年 2 月才有章程。2014 年 12 月北京大学学术委员会新章程经校党委常委会和校长办公会正式审议通过,然而并未正式公布,据悉是因为共识不足。2017 年 7 月,修订过的学术委员会章程经校党委常委会审议通过,并正式公布。2018 年 6 月,学术委员会章程再次修订,并经党委常委会审议通过、公布。章程制定、修订的时间维让我们看到,强化制度的效力正在成为北京大学的主动行为。

两个会议、两个事件,可以说为透视我国教育法治建设的进程提供了材料。笔者有理由作出这样的判断:跨入新时代,教育法治正在迈上新的台阶。依据就是,无论个体还是组织,无论政府、社会还是学校,主体意识正在形成。从集体的无意识到集体的有意识,无疑是个飞跃。当然,现实离理想的状态还有相当的距离,这一点毋庸讳言。我们还要付出艰苦的努力。本期"新论"栏目刊发了四篇文章,探讨新时代中国特色现代大学制度建设的问题。这也是教育法治建设的一个重要的议题。理性认识新时代的新要求,是我们前进的必要条件。

回眸潮涌笑惊涛

庆　年①

　　纪念改革开放四十年,是当下学术界的一个热门话题。盛夏之际,笔者应邀赴马来西亚,参加马来亚大学中国研究所举办的中国教育论坛,论坛的主题就是反思四十年。不同国家的学者在中国本土以外隔空讨论中国教育的改革,的确让人觉得是一件很奇妙的事。人们常说距离产生美感。也许在国外,人们更能审视中国高等教育的改革之"美"。

　　实践是检验真理的唯一标准,这是改革开放、解放思想标举的旗帜,其实也是我们回顾四十年历程所应当秉持的思想遵循。还记得十一年前,笔者随中国高等教育学会代表团境外出访。一日清晨散步,曾任教育部副部长、时任中国高等教育学会会长的周远清就坦率地对笔者说,20 世纪 90 年代高等教育管理体制

① 作者:熊庆年。文献来源:复旦教育论坛,2018,16(05):1。

改革,我们也是摸着石头过河,究竟哪些符合实际,哪些不符合实际或者不那么符合实际,要通过实践来检验。他期望高等教育学术界对此有科学的研究,应当跟踪调查和评估。这是实事求是的态度。改革是探索,就会有风险,不可能一帆风顺,谁也不能保证百分之百成功,谁也不能保证没有失败。前不久围绕沪浙新高考改革的讨论,有一种论调让人担忧,似乎只能讲成功,不能讲冒出的新问题。这不是实事求是的态度。回顾四十年来高考改革的种种举措,如果都是正确的,如果都是成功的,我们就很难解释如今的一些现象。

时间是判断发展的客观尺度,它是实践标准的补充或者延伸,因为实践是一个动态的过程,发展有周期的律动。20 世纪 90 年代,取消行业部门办学,一些行业高校划转地方政府管理,从解决条块分割、扩大教育资源渠道、促进行业高校为地方经济发展服务、有益地方政府统筹的角度看,当时这一改革是有效的,从某个角度看也是成功的。但是,随着时间的推移,这类高校中有相当一部分与行业的关系越来越远,办学目标越来越多元和综合化,行业特色越来越不明显;另一方面,行业人才越来越依赖市场配置,专业人力资源供给缺乏稳定的保障,而高校毕业生的出路不佳、产学研结合的通道不畅的问题愈益突出。最近,传出中国核工业大学、中国康复大学、中国能源大学的筹建信息,是不是意味着一些行业回归行业办学模式? 或许就是时间教育了人们,行业办学有其不可替代的价值。

回顾越长久,瞻望越长远。但这需要有反思的精神。我们的学术界还比较习惯于讲成绩,热衷于归纳经验,而昧于讲问题,怯于总结教训。虽然也不无思考与批判,但是多为经验感觉、主观演绎,而少有科学的研究和分析。我们期待改变这种状况。反思并不是简单的否定,而是要辩证地看待改革的成效。不久前,记者来采访有关高校后勤社会化的问题,引起了笔者对这一问题的深入思考。私意认为,后勤社会化的方向大体是正确的,但具体政策举措现在看来,有超越现实的理想成分,又有传统计划思维的成分,过度市场化与行政控制同时存在,带来了不少后遗症。遗憾的是,这方面并没有很好地总结反思过,以至于一些问题还在困扰发展。反思是洞悉未来的精神圭臬,只有通过深刻地反思,我们才能把改革不断向前推进。

此文搁笔之日,适逢全国教育大会召开。习近平总书记就教育改革发展提出了一系列新理念、新思想、新观点,"是我们对我国教育事业规律性认识的深化"。"培养德智体美劳全面发展的社会主义建设者和接班人",就是正本清源,回归初心,坚持中国特色社会主义教育发展道路。会议精神值得我们深入学习和思考。

且借他眼观自家

庆　年①

　　11月上旬,我们一行数人随许宁生校长出访秘鲁,参加复旦-拉美联盟第二届年会。航程一万八千多公里,跨越东西半球与南北半球。虽然路途劳顿,被倒时差困扰了十多天,但是感觉特别值得。除了完成了年会的诸项任务,增进了与联盟成员学校的相互了解和友谊,结识了许多新朋友,我更获得了一种新的认知,这就是拉美大学的同行和政府官员是怎样看中国高等教育发展的。

　　本次年会是由秘鲁圣马尔科斯国立大学主办的,规格之高出乎意料。秘鲁教育部部长、秘鲁科技创新部部长、秘鲁前外长、秘鲁驻中国前大使皆出席,显示出高度的重视。嘉宾主旨演讲围绕"秘鲁与中国的双边关系:机遇与挑战"的主题展开,令人

① 作者:熊庆年。文献来源:复旦教育论坛,2018,16(06):1。

印象深刻。年会设立了五个分论坛,主题分别是:"教育:拉丁美洲大学及中国大学所扮演的角色""气候变化与可持续发展:21世纪的挑战""高校:学术机构如何在政治决策中发挥更大的作用?""权力转移时期的公共产品供给""丝绸之路的另一端:中国在拉丁美洲基础设施建设上的投资"。不用说,高等教育发展是其中的重要议题。

我此行的主要任务是在分论坛报告中国高等教育,尤其是上海高等教育 40 年的发展。会议筹备期间,秘鲁方面就表示,特别希望知道,与秘鲁人口数量差不多的上海市,是怎样实现高等教育快速发展的。分论坛主持人在介绍我和评论我的发言时,一次又一次表达对中国高等教育发展的赞赏和羡慕。圣马尔科斯国立大学教育学院在论坛之外,又增加节目,邀请我到三个不同专业的班级与师生交流,陪同的副院长一次又一次地向这些班级的师生讲述中国及上海高等教育的成就,介绍复旦大学在世界主要大学排行榜的位置。似乎在他们眼中,中国高等教育是目前世界上发展最快、最充满活力的体系。听到他们由衷的赞誉,顿生感慨:不到利马,对咱们 40 年高等教育发展哪会有这么大的成就感!不禁联想到,9 月中旬加拿大西安大略大学李军教授来复旦做讲座,讲中国大学 3.0 版,讲中国模式,感到好像是在国外的学者们更容易看到中国高等教育的进步和美好前景。也许正是"不识庐山真面目,只缘身在此山中"。

当然,我们对中国高等教育的发展与进步需要理性的思考,但这种思考不妨多一些视角和维度。改革开放 40 年了,回头去看看走过的那些历程,就会明白,中国高等教育已经闯过了多少艰难险阻,发生了怎样翻天覆地的变化。同样道理,跳出宇内,从域外观察,就会知道这种巨大变化意味着什么。不久前,稍微梳理了一下 U21 大学联盟组织从 2012 年到 2017 年对 50 个国家高等教育系统的排行,很明显,每个指标中国都在逐年向上。也略微关注了一下近几年世界知识产权组织、康奈尔大学和欧洲工商管理学院联合发布的全球创新指数框架报告,很清楚,中国位置在不断跃升。在人力资本和研究的指标中,高等教育的贡献是显著的。

在域外看中国,既可以更深刻地看到我们的进步,同样也可以更清楚地看到我们的差距,提醒我们可能需要认真防范的偏差。秘鲁圣马尔科斯国立大学是一所有 467 年历史的大学,深厚的文化底蕴不仅从其校园建筑、艺术和博物陈列中看得出来,更从该校教授的言谈中透出。在年会的发言中,我深深地为该校教授坚守学术理念的执着所感动,为他们对学校文化传统的自豪而感染,为他们面对纷繁外部和内部挑战能够保持理性和清醒而自省。愚见以为,中国大学在快速发展中,需要克服浮躁,圣马尔科斯国立大学教授的那种淡定沉着可能正是当下我们所缺少的。

敢施异彩开生面

庆　年①

　　元旦已过，春节即到。辞旧迎新，人们总会期待新年新气象、新进展、新成就。学术期刊工作者也一样，祈福新面貌、新收获、新贡献。细心的读者一定会发现，本刊这期封面上多了一行标识文字："中国人文社会科学核心期刊"。这是因为，2018 年本刊在中国社会科学评价研究院"2018 年中国人文社会科学期刊 AMI 综合评价"中被评定为 A 类核心期刊。向来民间有所谓的人文社科三大核心期刊之说，即 CSSCI 来源期刊、全国中文核心期刊、中国人文社会科学核心期刊。前两种核心期刊目录本刊早已在列，现在再入中国人文社会科学核心期刊目录之列，这表明本刊的学术品质得到学术界更广泛的承认，令人欣喜，使人振奋！自 2003 年创刊至今，本刊已经走过 16 个年头，出版了 96

---

① 作者：熊庆年。文献来源：复旦教育论坛，2019，17（01）：1。

期。其中的艰辛、甘苦、冷暖自不必多言，我们更想说的是，感谢广大的作者、读者、审稿者的厚爱！感谢历届编委的精心谋划和悉心相助！因为有你们的支持，本刊才能立身于教育学术期刊之林，一步一步走向更高的境界。

进入了三大核心期刊目录，好像会被人们高看一眼。对我们而言，其实面临着更大的压力、更高的社会责任。如今核心期刊的功能在相当大的程度上被误用、滥用，面对现实功利的巨大需求，如何坚守学术本位的立场，如何防止被异化，对我们而言是巨大的考验。可以预见的是，各种追捧、利诱、胁迫会以超过以往更大的能量冲击而来。如果我们不能保持清醒的头脑，牢固树立学术期刊乃社会公器的理念；如果我们不能站稳正义的立场，始终如一地平等对待所有的作者，我们将会被自己打垮。

得到更多的承认，传播平台更宽广，也意味着更高的要求、更大的挑战。怎么样有更好的品质，怎么样让作者更愿意来这个园地施展，怎么样使读者更喜欢来这个园地采撷，这是我们当下反复思虑的问题。不久前，有睽依凡教授询问，用不用访谈类稿件。本刊过去没有发表过访谈类稿件，是基于一个判断：访谈类稿件学术含量不高。然而，这次我们没有简单地回应，而是作了认真的讨论。我们的新考量是，学术含量有多少并不能只看形式，而是要看实际内容，有真的新思想、新知识，就不可谓学术含量不高。于是决定，尝试一下刊发访谈类稿件。本期新论栏目的两篇稿件，就是新尝试的结果。是不是真的有新思想、新知识，请读者判断，希望有反馈。

我们的新尝试还不止于此，细心的读者也一定会发现，本期有一个过去从来没有出现过的栏目"余音"。这事起源于邬大光教授在微信朋友圈晒访问国内外高校的感想,我们觉得有意思。一个有深厚学术积累的高等教育学者,有丰富的大学管理体验而又离开了管理岗位的教授,他在考察国内外高校时,有独特的视点、独特的思考、独特的意味,能给人以通常规范性学术文章所不具有的启迪。于是,我们与邬大光教授商量,请他把这些访问的随想整理成文,以飨读者。幸运的是,得到了邬教授的首肯。但是,放在哪个栏目呢?似乎已有的哪个栏目都不合适。因此,就创设了一个新栏目。所谓"余音",取自"余音绕梁,三日不绝"之典。读来是不是有味,期待读者的回音。

新年伊始,本刊敢施异彩,求开生面。我们以为,学术期刊是给人看的,不能只板着脸孔,让人生厌;不能老"八股",面目可憎。新的一年,文章、栏目都来点新样子,岂不快哉!行笔至此,想起朱庆馀《近试上张水部》诗,权借探询:"洞房昨夜停红烛,待晓堂前拜舅姑。妆罢低声问夫婿,画眉深浅入时无?"

劲吹清风扫雾霾

庆　年①

春节期间，学术界最抢眼的新闻，莫过于某艺人学术不端行为被曝；最让人心揪的消息，莫过于某校博士生因学业压力抑郁而自沉。两个事件本无关系，但却因为涉及同一个群体而关联起来，引起了"吃瓜"群众的种种质问，进而引发对各种学术失范、学术不端现象的讨论。所反映的问题，折射出当下学术生态环境的现状：雾霾重重，久治未成。究竟如何治理才得还学术生态环境的青山绿水？这是在笔者脑中盘桓而挥之不去的问题。

不久前，笔者曾经对改革开放以来政府出台的有关政策、规制做过一个梳理。远的不说，就是本世纪，政府各有关部门发布的有关学术道德、学术规范、学术评价、学术惩戒的文件也不下20种。治理学术环境政府不能说不用力，为什么不那么管用呢？

---

① 作者：熊庆年。文献来源：复旦教育论坛，2019，17(02)：1。

是招不实、不硬、不狠吗？仿佛是，仿佛又不是。依愚之见，已有之策，多治标不治本。

笔者以为，欲治其本，首在立德。从大里来讲，学术是真理之求，是一种德行。当以天下之谋、长远之虑、公共之思，而不当贪一时之功、一隅之利、一己之私。这听起来好像是"鸡汤"，但这是实实在在的价值基础、立足之本。从小里来讲，以学术为业，得讲究学术伦理，遵守一定之规。义利之择义字当先，得失之求以善为上，真伪之辨以诚为信。德之不立，其道不正，其行不轨。一味追求政绩、追求眼前功利、追求小集团利益、追求个人的现实利益，正是学术生态恶化的根源。极端的功利化，导致小人铤而走险。几年前，曾闻某高校一教师有学术不端行为，几名退休老教授花了三年才使事情得到解决。在为几位老教授高尚的道德精神感动的同时，也深深地忧虑，高校风气不正，何以育人？某些干部德行不良，为单位声誉而阻止揭发，是事件没有得到及时处理的根本原因。正是这种为小集团私利而置正义于不顾的做法，毒害了学术组织的肌体，恶化了学术环境的空气。

欲治其本，要在循理。此所谓循理，即尊重学术规律。事物皆有其理，循理而行则顺，逆理而行则颠。学术是知识的创造和传播活动，不同的知识各有其内在的逻辑性，不同的学科各有其运行和发展的范式，学术管理最要紧的是识其理而循其道。差之毫厘，谬以千里，不可不慎。行政部门不能用管理政府机构的方式、管理企业的方式来管理高校，高校也不能把适用于管理某一学科的方式推广到所有学科。当下为学术工作者诟病的"唯论文、唯职称、唯学历、唯奖项、唯帽子"现象，说穿了，就是管理者不尊重学术规律或者不懂学术规律的结果。说严重一点，是庸政、懒政的官僚主义行为的结果，是行政权力膨胀的结果。理性的缺失导致学术评价的简单化、表面化、数字化。讲绩效、重激励，从道理上说并不错，但是，前提应当是尊重学术规律。

欲治其本，纲在重人。以人为本，现在已经是流行语，但真正落在行动上的却未必那么理想。高校中学术活动的主体是教师和学生，尊重主体的创造性，造就宽松的学术生态环境，才能真正激发学术的活力。新近读到一篇文章，作者认为，"清理'五唯'首先要信任高校教师"，"树立多元学术观"，"实施增能式教师评价"。笔者深以为然，不独对教师，对学生也一样。不能像防小人一样来对付师生。查重也好，抽查也好，诸如此类的工具、手段、措施都可以用，但治标不治本，学术生态环境就不可能有根本的好转。教育部2019年工作要点提出："深入开展教育评价体系改革调查研究，分类推出评价改革相关举措，形成相对完整的教育评价改革制度框架。"期待清风劲吹，尽扫学术雾霾。

当从德性植根荄

庆　年[①]

　　暮春时节，狮子山畔，群贤会聚，纵论天下，高谈古今。一场由四川师范大学文化教育研究院、浙江大学高等教育研究所、《探索与争鸣》编辑部联合举办的"基于人类命运共同体发展需要的大学治理使命"高等教育高峰论坛在这儿举行。本次论坛主题不谓不宏大。此前两日，第二届"一带一路"国际合作高峰论坛在北京举行，关键词之一就是构建人类命运共同体。狮山之会与之遥相呼应。本次论坛主题词指向不谓不重要，推进教育治理体系和治理能力现代化已经写入《中国教育现代化2035》，推进大学治理现代化成为改革的重要目标之一。笔者向来对宏大论题不敢置喙，但把大学治理关联在一起，突然有表达的冲动，不吐不快。故欣然受邀，不揣愚陋，坦陈己见。

---

① 作者：熊庆年。文献来源：复旦教育论坛，2019，17(03)：1。

　　构建人类命运共同体是社会发展的理性选择。布卢姆说得好,"大学是一个以理智为基石的国家的神殿,是奉献给纯粹理性的。"大学是理性的产物,又是理性的生产者。构建人类命运共同体,大学具有独特的功能与价值,应当担负起引领的责任。促进人类命运共同体构建是大学的崇高使命。第二次世界大战结束后,哈佛大学开设了数十种小语种专业,就是着眼于让学生更好地了解世界各民族的文化,促进对不同文明的深入理解。麻省理工学院二战结束前就在考虑未来几十年后社会发展对知识的需求,认为人类会更加重视生命的质量,于是乎布局研究生命的科学,站在了相关领域的学术发展前沿。哈佛之所以是哈佛,麻省理工之所以是麻省理工,这种人类发展的使命担当意识,成就了它们的世界一流。

　　理性之治是大学担当使命的制度基石。大学治理首先要建立在理性的基础上,即大学的权力配置、权力形态、权力运行要符合大学本质的要求,应当具有民主和法治精神,应当符合学术发展的规律和要求,应当体现大学利益相关者的根本利益。大学治理的外显为大学的制度,大学制度化的程度和水平反映大学治理的理性程度和水平。中国现代大学走过了120余年的历程,现代大学制度建设也经历了许多的曲折。追求理性之治应当说贯穿了整个历程。以学术制度为例,虽然在改革开放之初,学术委员会就重新进入人们的视野,但直到本世纪初,它并不具有实质性的治理意义。2010年,《国家中长期教育改革和发展规划纲要(2010—2020年)》把现代学校制度建设作为重要目标,健全学术委员会制度是核心任务之一。2014年教育部出台《高等学校学术委员会规程》，学术委员会制度的实质化、规范化成为高校普遍的行动。经过这一轮的制度建设，基本解决了学术制度供给不足的状况。

德性之治是大学担当使命的精神梁柱。所谓德性之治，就要尊重主体，激发主体性；就应当有利于自由性的达成；就应当扎根本土、面向实际；就应当超越当下、引领价值。制度和规则不应当是冷冰冰的，而应当是具有温度的，具有人文关怀的。《孟子》有言："徒善不足以为政，徒法不能以自行。"理性的重启和制度再造虽然使中国大学告别了制度短缺，但是这并不意味着大学摆脱了非理性的束缚，也不表明中国大学治理完全具备了现代性。我们不但要有规则、制度，而且要有好的规则、制度。我们不但要有完备的治理体系，而且这一治理体系是现代化的，要促使大学达到善治。因此，建设中国特色的现代大学制度，不只是理性的，更是德性的。大学治理必须向善，追求德性，如宋人程公许诗云"从德性植根荄"，才能不负促进人类命运共同体构建的使命。

面临新业态革命，我们准备好了吗？

庆　年[①]

现代信息技术在教育中的创造性运用，正以超出人们想象的速度在发展。自从本世纪初美国麻省理工学院提出将所有课程视频上网，首创网上开放课程（OCW），各种在线或线上线下混合的教学方式便不断冒出来。美国新媒体联盟2002年起每年发布的《地平线报告》，记录和预测了这一发展的步伐。只要看看近20年来的《地平线报告》，就能深刻地体会到新媒体的运用不啻是一场信息技术革命，更是一场教育业态的革命。

2016年夏天，笔者承担了深圳市政府发展研究中心委托的重点课题，提出了高等教育新业态的概念。当时发展研究中心的领导认为，这是个首创的概念。在这之后，我也数次在学术研讨会上提到这个概念。《现代大学教育》杂志的庞青山老师希望

① 作者：熊庆年。文献来源：复旦教育论坛，2019，17（04）：1。

我能够写篇文章来阐述，我一直没有能够动笔。工作太忙是个原因，但更主要的原因还是，还不能很好地从理论和实践上讲清楚这个概念。越是往后延，似乎越动不了笔。因为这方面发展太快了，以致已经掌握的一些形态还没有能够很好地提炼概括，新的形态元素又在冒出来。VR（虚拟现实）、AR（增强现实）、AI（人工智能）在教学改革中的登场，让人目不暇接。

物理学上有个概念叫"奇点"，据说是"指掉入黑洞的物质最终会聚集到一个密度无穷大的中心点上。它是现实的某种终结，时间会在那里停止，任何东西都会消失，进入虚空"。未来学家雷·库兹韦尔借用"奇点"来描绘人工智能超过人类智能的那一时刻，以及它对人类社会存在方式的颠覆，并认为这个"奇点"将在 2045 年到来。可能是人工智能发展超出了他的预期，最近他把"奇点"到来的时间提前到了 2029 年。虽然至今人们对"奇点"以及它的到来并没有形成共识，但是人工智能的研究和运用迅猛地发展已经是不争的事实，人工智能在教育中的运用端倪初现。雷·库兹韦尔办了所奇点大学，就是高等教育新业态的一种实践。

从 OCW、翻转课堂、可汗学院到慕课，再到 VR、AR、AI 的运用，新的媒体正在改变我们的生存方式，也在改变教与学的形态，改变学校形态乃至教育形态、教育业态。问题在于，面对这种变革我们准备好了没有？笔者以为，我们不只是要观念的准备、知识的准备、技术的准备，更要有实践行动。今年 4 月份中国慕课大会召开后，某校有位教师告诉我，大会上演示的慕课据说花了数百万。我回应说，也有很多很多慕课没花什么钱呢，复旦大学最近就有一位教授只花一千多人民币做成了一门很不错的慕课。只要咱们想去变革，总会找到办法的。

不久前在复旦大学召开的第六届海峡两岸暨港澳地区高校现代书院制教育论坛上，中国台湾清华大学校长贺陈弘作了"工业/教育4.0与住宿书院"的演讲，从大学发展史的视角，讨论了工业形态与大学教育形态的关联性，引起了与会者的极大兴趣。他认为，知识传递的核心成分是逻辑思考与既有知识，而推理与既有知识将被人工智能、大数据和虚拟实境所替代，那么，传统教育还能存续吗？他提出的"后AI时代教什么？"的命题，更是引起了与会者的热议。

2012年被称为是慕课元年。当年，美国《时代周刊》发表社论《大学已死，大学永存》，意思是，如果大学不能顺应发展、改变自身，大学将消亡；大学只有改变自身，才能存续发展。2017年被称为是人工智能元年。今年5月，国际人工智能与教育大会在北京召开，形成了《北京共识》。面对汹涌而来的浪潮，请展开双臂去拥抱吧。

顾往方知来

庆 年①

七十年前，中华人民共和国诞生的时候，我还没有出生。但是我是红旗下长大的一代，是与共和国一道成长的一代。在六十几年的岁月里，亲身感受和体验了国家发展进程中的春风和煦与冰天雪地，也见证了狂飙突进与踯躅徘徊。回顾以往，半个多世纪中国教育的发展历历在目，感慨万千。

最直接的感受就是百姓受教育机会的不断增加。20 世纪 50 年代末，我所在的省会城市区一级开始试办幼儿园。我有幸进了幼儿园，而比我大两岁的哥哥就没有这样的幸运。1960 年我进了区中心小学，当时还实行二部制，只能上半天课。一年以后二部制就取消了。如今，全国九年义务教育早已经普及，学前教育也进入了快速普及的时期。20 世纪 60 年代，我的同辈份亲戚

---

① 作者：熊庆年。文献来源：复旦教育论坛，2019，17(05)：1。

中,大学生是极个别。改革开放后,我的同龄人能够进大学的也还是少数。"文革"期间我曾经下放农场,全场知青六七千,1977年后考上大学的不过二十来人。如今高等教育学龄人口中能够进大学的接近一半。20世纪80年代中我做硕士研究生时,全国一年招收硕士研究生也就一万出头,现在超过了七十万。20世纪90年代中我做博士研究生时,全国一年招收博士研究生也是一万多一些,现在超过了八万。

最强烈的感受就是教育在不断地改革和探索。小学时代,我所在的班级就是一个实验班。一年级班主任是学过俄语的老师。学制最初定四年,后来改五年,最终还是六年。1966年"文革"爆发,小学毕业即失学。1968年进中学不久,学校便从城里整体搬迁到了共产主义劳动大学的一所山区分校。这一类的学校实际是60年代初新型教育制度和劳动制度的一种探索。虽然"文革"中已经发生巨大变异,但是我们多少体验到了一点它的意思。而近四十多年来自己在上大学、当大学教师的生活中,对改革和探索的感受就更深了,可以说不胜枚举。尤其进入本世纪后,大学的改革常态化。无论是人才培养、科学研究、服务社会的制度,还是大学组织运行的制度,都发生了而且正在发生着根本性的变化。记得20世纪末,曾听说中国台湾地区的台湾大学一年发表SCI论文五千余篇,而大陆所有高校发表的SCI论文数不及台湾大学一校。如今,大陆地区已经有若干所大学年发表SCI论文数超过台湾大学。二十多年前我曾经在某所大学担任系主任,印象中抓好教学秩序和质量基本就可以了。而在今天的大学,同类岗位所面临的要求之多、任务之巨和压力之大,不可同日而语。

最深刻的体验就是教育越来越走向开放和多元。我做硕士研究生时,外国来华留学生还稀少,我们曾戏称留学生宿舍为"熊猫馆"。不久前我回到母校,留学生四处可见,种族肤色各异,同学们再也不会像我们当年那样围观"熊猫"了。20世纪八九十年代,出国留学虽然渐次放开,但是仍然不易。如今已经全面放开,留学成为寻常人家之选。二十年前我的一次普通出国交流项目,要上报教育部审批。如今,教师和学生的对外交流,学校就能自行审批,说是"家常便饭"一点也不夸张。外籍教师过去基本上是服务于外语教学,如今各学科专业外籍教师已经是群体性存在,就在我们的身边。我曾经在本世纪初写过一篇论文,讨论21世纪大学校园生态,期待中国大学校园能成为"联合国"。如今基本成为现实。

顾往方知来。七十年的中国教育不光是阳光普照、东风劲吹,也经历过暴风骤雨、雷电交加,"文革"十年教育更是伤痕累累。然而浴火重生的中国教育在改革和发展中走向了成熟。我们有理由坚信,中国教育现代化的步伐会更快、更坚定。

当借东风鼓千帆

庆　年[①]

10月末,一份文件在很多教育研究者的微信群里被迅速转贴,它就是《教育部关于加强新时代教育科学研究工作的意见》。人们为之兴奋,因为有了"尚方宝剑",教育科学研究定会得到重视,天地会更宽广。然而,兴奋之余,我们需要认真地思考:过去教育研究为什么不那么受重视,教育研究者为什么不那么受待见。只有改变现状,才能借文件出台之东风,启繁荣教育学术之航。

依愚之见,首先还是要转变观念。20年前,笔者刚涉足高等教育研究领域时,就发现一个很奇怪的现象——大学高等教育研究机构中真正在研究本校实际问题的人并不多,研究教和学的人更少。那么机构存在的价值究竟是什么? 21世纪初,曾与

---

① 作者:熊庆年。文献来源:复旦教育论坛,2019,17(06):1。

上海交大刘念才教授深入讨论过这个问题。我们一致的看法是,大学的高等教育研究,首先得研究自己的学校,研究学校面临的现实问题。有一年在一次学术会议上,遇到某校校长,他问我和另一位同仁,你们各自学校的高教所都在做什么。在听完我们的回答后,他冷不丁冒出一句:"看来我得把我们学校的高教所撤掉。"这二十年中,听闻不少大学高等教育研究机构被撤被并的消息,原因大都在于校领导觉得它没用。其中固然有某些领导的歧见、短见,但高等教育研究自身观念有误区、定位有偏差,确实是个重要因素。二十年过去,令人困惑的现象还没有根本的改变。笔者以为,如果我们不能在服务学校现实需求上大有作为,那么就不可能受待见,更不可能有地位。

其次,要转变范式。这包括两个方面。一是应当深深扎根于大学的实践之中,研究真问题。某校高等教育研究所所长对此很有体会。他曾经"被迫"接了一个任务,协助学校做教学质量年度报告。在经过了几年体验之后,他幡然醒悟,学校的教学和管理中的问题完全不是自己原来所理解的那样。他好像发现了一个"金矿",从此深挖学校的基础数据,做出了可观的成绩。他的经验告诉我们:走出书斋,走向实践,高等教育研究才能真正落地。二是应当坚持用科学的方法来研究。长期以来,高等教育研究成果中太多不讲学理、不讲形式逻辑的理论文章,太多不讲方法、没有科学验证的应用研究文章,使得很多人产生错觉,以为高等教育研究谁都能做,不用太费力气就能做好。近年实证研究得以提倡,然而唯量化是求,精致的平庸似乎又有蔓延之势。

再次，要转变话语。21 世纪初，以数据分析为基础、服务于高校管理与决策的"美国院校研究"（AIR）引入我国。越来越多的高等教育研究者开始学习、实践院校研究。不过，似乎离理想的目标还有很大距离。有学者提出，应当建构院校研究的中国模式。问题提得非常好，但模式的内涵和特征是什么，并没说清楚。笔者认为，美国的院校研究是以把学生作为消费者为基本预设的，研究内容主要围绕大学的经营；这与我国高等院校运行的社会基础和管理指向是有很大差别的，话语是不一致的。如何建构起院校研究的中国话语，关系院校研究的成败，值得深入讨论。另一方面，本土的话语也有一个被服务者接受的问题。在第五届全国教育实证研究论坛的一个沙龙上，有位研究生就提问：为什么教育研究的文章几乎与一线教师无关？这确实是高等教育研究者需要反思的。高等教育学学科的建构，一直是常年不衰的话题。可是如果只是想当然地认为该怎么样，不切实解决与现实对话的问题，那就不会有什么让人欣喜的结果。

东风已俱，舟挂桅帆，让我们对准航向，奋力开启新的航程。

庚子春望

庆　年[①]

　　一场突如其来的疫情袭击了农历新年。新冠肺炎阻击战在武汉、在湖北、在全国相继打响。面对来势汹汹的疫情,全民动员,战疫驱瘟。相信在党中央的坚强领导下,全国人民众志成城、守望相助,一定能够取得"战疫"胜利!习近平总书记指出,"这次疫情是对我国治理体系和能力的一次大考,我们一定要总结经验、吸取教训。"教育是国家治理现代化的基础,我们应当把疫情当作一面镜子,深入思考所折射出来的教育问题。

　　立德树人,当指求真。早在12月下旬,就有医务工作者发现有新型冠状病毒肺炎患者,并通过医院向省、市卫健委报告。也有数名医务工作者通过网络媒体向社会发出警示,有类似SARS的病毒传播。这些医务工作者是可敬的。假如相关主事者也能

①　作者:熊庆年。文献来源:复旦教育论坛,2020,18(01):1。

够像他们那样有求真精神，去了解核实一下；假如守土者能够实事求是，迅即下情上达，及时作出合理的处置；假如把关者能够像钟南山院士那样讲真话，果断作出正确的决策和部署，那么，就可能不会错失疫情防控的黄金窗口期，就可能避免出现疫情快速蔓延的被动局面。陶行知先生告诫我们："千教万教，教人求真；千学万学，学做真人。"他道出了教育的真谛和使命。如果学校培养出来的未来公民都能够不唯上、不唯势、不唯利，唯求真是务，唯求实是务，想必就为社会达致善治创造了基础条件。

　　崇尚科学，当诣普及。新冠病毒的最终源头、中间宿主至今尚无定论，但病毒由野生动物而传播大体有共识。非法捕猎、交易野生动物在一些地区屡禁不止，食用野生动物之陋俗在一些社群中不改，反映出社会认知在某种程度上对人与自然关系、人类科学生活方式的理性缺失。疫情爆发之后，各种媒体上相关信息铺天盖地，舆论波涛涌动，假信息的流传、伪科学的泛滥，事实上给社会心理带来不小的负能量。传播主体是不是传播了科学的知识和信息，受众能不能判断甄别，考验的是社会的科学素养水平。2018 年《中国公民科学素养调查》结果表明，我国具备科学素质的人口在总人口中的比例仅为 8.47%。由此而见，提高科学素养仍然是教育的艰巨任务。有学者说得好，"只有每一个社会成员学会了科学地生活，中国才会是一个强大的国家。"

　　彪炳人文，当放长眼。抗疫得到了世界许多国家和人民的正义支持、人道援助。日本一些组织捐助物资附言"山川异域，风月同天""岂曰无衣，与子同裳"，感动了许多国人，也给教育以启示：言而无文，行之不远。有学者指出，"'人文教育'的重点不在'文',而是'人'","'人'是活生生的生命教育、人道教育和探寻人生终极意义的教育"。当下,共克时艰,战胜疠疫,成为社会的普遍意识。但不能不看到,也出现了一些令人不齿的现象,这从一个侧面部分反映出人文教育未得彰明。有贤者说,"只要每个人都像个人的样子,国家必会像个国家的样子"。此语不虚!最近,笔者读到2018年《知乎周刊》"病毒星球"专辑,深深感到历史的无知大概也是导致对疫情轻视的缘由。还读到2015年比尔盖茨的 TED 演讲。他认为,"在未来几十年里,如果有什么东西可以杀掉上千万人,那更可能是个有高度传染性的病毒,而不是战争;不是导弹,而是微生物","面对病毒爆发,全世界都没准备好"。人文教育需要有这种前瞻意识和广阔视野。

正月将尽,战事犹酣,期盼疫情拐点到来。早梅已放,春天即临。唯愿"春风杨柳万千条,六亿神州尽舜尧。""借问瘟君欲何往,纸船明烛照天烧。"

附 录

附录1 创刊记略

《复旦教育论坛》的创刊是在21世纪初中国高等教育管理体制改革背景下发生的。2000年4月11日,教育部决定,复旦大学、上海医科大学合并组建新的复旦大学。在组建过程中,推动实质性融合是基调。

原上海医科大学有一份1980年创办的公开发行期刊《国外医学·医学教育分册》,由公共卫生学院医学教育研究室负责编辑出版。后医学教育研究室与社科部卫生法学教研室合并成立卫生法学与卫生监督教研室,隶属公共卫生学院,期刊由卫生法学与卫生监督教研室代管。原复旦大学有一份1984年创办的内部发行刊物《复旦教育》,由高等教育研究所负责编辑出版。

2000年12月,我被任命为高等教育研究所副所长。当时,孙莱祥副校长兼任高等教育研究所所长。我在他的领导下主持日常工作。2001年3月19日,主持《复旦教育》编辑事务的王留栓老师向我提出动议，向学校申请，将《国外医学·医学教育分册》与《复旦教育》合并，成为公开发行的《复旦教育》。我觉得不妥，认为两刊性质不尽相同，不会被《国外医学·医学教育分册》的同仁接受，也不利于营造融合的氛围。后来，王留栓老师又向孙莱祥副校长陈述了这一想法，得到他的赞同。后经学校领导班子审议，同意两刊合并，责成学校宣传部负责具体实施。5 月 23 日，时任学校党委宣传部副部长的董雅华老师来电，传达了学校的决定，并要求尽快草拟两刊合并的报告。5 月 25 日，我执行学校的决定，草拟好给教育部社科司关于刊物合并报告，并呈交宣传部审定。后又按宣传部要求，专程赴北京，到教育部社科司出版处，将申请材料呈送给副处长陈茅。9 月 12 日，孙莱祥副校长来电，告知教育部社科司同意两刊合并。

但是，事情并不是像估计的那样顺利。《国外医学·医学教育分册》是国外医学系列杂志中的一种，这个系列杂志由卫生部主管。要合并还先得教育部与卫生部协商同意，再商请国家新闻出版总署批准。当年期刊刊号是极为紧缺的资源，原则上是不增加刊号。两刊合并，期刊性质明显发生变化，延用已有国外医学系列期刊的刊号显然不合适。增加新刊号可能性很小。事情因此拖延下来。有关人士大多不抱太大希望。

而事实上，原上海医科大学的很多同志对与复旦大学合并就有抵触，对期刊合并很不赞成。《国外医学·医学教育分册》编辑部的同仁当然更不乐意。然而，两校合并后，《国外医学·医学教育分册》期刊的运行，确实也面临一些困境。一方面，国外医学系列期刊普遍存在生存问题，研究类稿源少，主要靠编译国外文献资料,经费和人员编制也得不到保障。另一方面,期刊原由上海医科大学主办,两校合并后原医科大学的行政建制已经不存在。作为大学二级单位的公共卫生学院不具备主办资格,卫生法学与卫生监督教研室是公共卫生学院的下属机构,那就更不用说啦。所以,主办亟待明确。不仅主办的机构悬着,两校合并后的机构变动,也导致产生了一系列问题。2001年12月26日,《国外医学·医学教育分册》编辑部专函向孙莱祥副校长请示,指出"由于新教研究室的工作目标和任务均同以前明显的不同,该杂志的岗位编制、考核、办刊经费等也成为新的问题"。希望明确管理体制、编制和经费保障。并提交了第二届《国外医学·医学教育分册》编委会的建议名单。不过,请示的真正意图,还在表达希望坚持《国外医学·医学教育分册》期刊的独立办刊。

申请两刊合并的转机出现在2002年初。1月15日,教育部社政司出版处陈茅来电话告知各方协商的结果:撤销《国外医学·医学教育分册》原刊号,由复旦大学重新申请创办新刊,新闻出版总署在刊号总量不增加的前提下,批准新刊号。事不宜迟,当日我即与上海新闻出版局胡国强、本校宣传部董雅华沟通。次日协调各方制作办刊材料,新刊名确定为《复旦教育论坛》,并抢在下午5点半下班前完成所有校内行政批准程序,并将申请材料通过邮政快件发往北京。

2002年3月19日,教育部社政司和上海新闻出版局分别来电,告知新刊已经获得批准。《复旦教育论坛》创刊筹备工作正式拉开序幕。

《国外医学·医学教育分册》编辑部主任陈刚和《复旦教育》编辑部王留栓，都分别站在各自的立场，以所在机构为主报出《复旦教育论坛》出刊计划。定位、目标、思路显然不符合两刊合并要求。3月30日晚，我向孙莱祥副校长报告了陈、王二位的设想，他明确回复，《复旦教育论坛》是复旦大学主办，学校党委将会研究，可能会由宣传部来具体推动。这也就意味着，《复旦教育论坛》不是在原有两刊的基础上加加减减，而是重起炉灶，完全按新创办刊物来操作。

4月1日，党委宣传部长朱国宏来电，明确编辑部设在高等教育研究所，由高等教育研究所提出《复旦教育论坛》期刊的人事方案。经请示孙莱祥副校长兼所长，提出了初步的人事方案，即尊重原两刊编辑人员个人意愿，尽可能吸纳他们进新的编辑部。我在对国内高等教育研究期刊作了调研后，于4月28日初拟了《复旦教育论坛》办刊的思路。当月底，根据党委书记秦绍德的指示，在党委宣传部帮助下，我起草了"关于新刊《复旦教育论坛》的初步设想"和《复旦教育论坛章程》。经孙莱祥副校长和朱国宏部长审阅并同意后，于4月30日向秦绍德书记呈送了材料。

5月3日，秦绍德书记批复："孙莱祥、朱国宏、熊庆年同志：我访欧回来后，一起开个小会，听听你们的具体打算。立意似还要高一些。发行问题如何解决？"5月17日，朱国宏部长再次来电，主要讨论编委会组成人选问题，他建议把校领导都列入。5月29日，我将修改后的方案打印呈送孙莱祥副校长。

6月2日，将修改后的办刊方案呈报秦书记。6月20日下午,秦绍德书记召集燕爽副书记、孙莱祥副校长、朱国宏部长和我,商讨办刊诸事项,初步确定由孙莱祥任主编、朱国宏和我任副主编,执行副主编以竞聘方式产生。6月21日重新修订办刊方案文本,提交学校党政联席会议讨论。

6月24日,孙莱祥副校长召集原《国外医学·医学教育分册》主编梅人朗和编辑部主任陈刚、以及王留栓和我开会,传达了学校党政联席会议决定的要点,《复旦教育论坛》要以学术研究为主,但不做纯高等教育学的理论刊物;以大学办学为基础,依托高校事业发展来考虑,借鉴国外经验,反映实际问题,做到理论与实践结合,尤其是不能回避实践中的重大问题;立足复旦,依靠全国,文章的标准只能一个;面向世界,保留医学教育研究的特色;立意高,视野广,提高档次。并就读者定位、发行渠道、成本核算、版面设计等进行了讨论。会后,孙莱祥副校长和我分别与王留栓、陈刚谈话,询问对竞聘执行副主编的想法。陈刚明确表示不参加竞聘。根据领导意图,我还与《复旦文科学报》黄颂杰主编联系,征询是否有合适的执行主编人选可以推荐,未得如愿。根据这个实际,孙校长和我商定,公开招聘执行副主编和编辑。

6月26日,我向人事处报送了招聘方案,明确"拟通过校内校外招聘的方式重组编辑部","尤其是编辑部主任(执行副主编),需要有较强的事业心和责任心、有高等教育研究基础、懂编辑业务的同志来担任,我们希望面向全国招聘,请人事处在网上发布招聘信息。"7月1日,《光明日报》刊出了我们的招聘启事。后来有11名应聘者寄来了材料。

6月底,我们先后发出拟聘编委会委员的征询函,完成了期刊登记表填报。我还向燕爽副书记建议,请校友李岚清副总理和陈至立部长为《复旦教育论坛》创刊写贺辞。

7月至8月,陆续收到乐意担任顾问和编委会委员的回函。经征求意见,原《国外医学·医学教育分册》编辑部赵友良表示乐意继续在《复旦教育论坛》编辑部工作。他成为编辑部的第1名正式成员。8月下旬发出第一批约稿信。

学校党委对《复旦教育论坛》创刊高度重视。9月初,校领导亲自出面给复旦大学出版社社长贺圣遂打招呼,请出版社帮助设计期刊封面。9月,经拟聘人选确认同意,党委最终确定编辑委员会组成人选,编委会主任由秦绍德书记亲自担任。校外委员称顾问,他们是:王镭、卢乃桂、叶澜、刘凤泰、闵维方、周远清、顾明远、彭玉、潘懋元。校内委员称编委,他们是:王生洪、朱国宏、孙莱祥、陈思和、俞吾金、姚泰、倪光炯、袁志刚、秦绍德、鲁映青、蔡达峰、熊庆年、燕爽。秦绍德书记还亲自审定了聘书样式,亲笔签署了顾问和编委的聘书。

秦绍德书记在媒体工作多年,十分关心期刊的传播效应。复旦大学出版社请美编中的青年才俊周进担纲封面设计,几易其稿。每次出稿,秦书记都亲自审阅,提出修改建议。甚至字体大小、样式这些设计元素,他都能提出十分专业的意见。我特地请复旦大学附属中学的特级教师、书法家黄玉峰题写行书"复旦教育论坛",后选取"论坛"二字作为装饰。最后,采取了一种模板、每期色彩不同的样式。

编辑部主任(执行副主编)的竞聘没有达到预期的构想,三名参与竞聘人提出的办刊思路与期望要求差距较大。曾经试用一名即将毕业的在读博士研究生,也很不如意。经与孙莱祥副校长商议,编辑部暂时由我主持工作。为了保证编辑部的正常运转,决定返聘原《国外医学·医学教育分册》主编梅人朗教授和复旦大学高等教育研究所退休教授周洪林。同时,决定接收厦门大学高等教育学专业应届毕业博士研究生张慧洁,因为她曾经有过在期刊编辑部工作的经验。9月22日,我主持召开了第一次编辑部工作会议。确定工作制度,讨论组稿选题,安排《国外医学·医学教育分册》和《复旦教育》的收尾。孙莱祥副校长专门到会讲了话,提出了工作要求。10月,我起草了期刊总体设计方案,对期刊的性质、宗旨、方针、定位、目标、结构(主要栏目)、发展的阶段思路、2003年选题计划,作具体构思。根据周洪林老师的建议,我们还联系请杨振宁、李政道先生为《复旦教育论坛》创刊题辞。

　　11月1日,下午秦绍德书记再次召集孙莱祥副校长和我谈话,再次就编辑部人事问题和刊物定位问题提出意见,反复强调注重办刊质量,高起点办刊,反映火热的高等教育改革实际。确定主编由副校长、高等教育研究所所长兼任,副主编由宣传部部长、高等教育研究所副所长兼任,具体运作由高等教育研究所副所长负责。他期望《复旦教育论坛》在不太久的时间内成为高等教育研究领域的核心期刊。11月20日,我向秦绍德书记呈送代拟发刊词初稿。23日秦书记批复:"庆年:谢谢你为我草拟发刊词,改定稿奉上,请编审。"从改定稿可见,他做了非常认真的修改。既有水笔笔迹,又有铅笔痕迹,说明他是再三推敲的。创刊号的目录,他也亲自过目,提出建议。

党委的重视和关心,使《复旦教育论坛》创刊的一项项努力得以实现。11月23日,我们收到了杨振宁先生的题词"学无止境"。12月18日,我们收到了校友、教育部长陈至立的祝辞。正好用在了创刊号封二和扉页上。2003年3月4日,还收到雩政基金管理委员会秘书长柳怀祖转来的李政道先生题辞:"求学问 须学问 只学答 非学问 祝'复旦教育论坛'创刊 李政道2003年2月"。我们用在了第2期的封二上。

原教育部副部长周远清、原国家教育发展研究中心副主任蔡克勇、美国学者马丁·特罗、日本学者金子元久、香港学者卢乃桂等一批著名高等教育研究专家惠赐了大作。王生洪校长也专门发来了文章。使《复旦教育论坛》创刊号辉光熠熠。

2003年1月7日,第一期清样交印刷厂印刷。1月21日,《复旦教育论坛》创刊号按期诞生。

附记:《复旦教育论坛》历年主编、副主编

2003年第1期 主编孙莱祥、副主编朱国宏、熊庆年

2003年第2期—2007年第1期 主编孙莱祥、副主编石磊、熊庆年

2007年第2期—2006年第2期 主编孙莱祥、副主编萧思健、熊庆年

2006年第3期—2011年第6期 主编蔡达峰、副主编萧思健、熊庆年

2012年第1期—2012年第6期 主编蔡达峰、副主编萧思

健、熊庆年

2013 年第 1 期—2019 年第 6 期　主编林尚立、副主编熊庆年

2020 年第 1 期—2020 年第 6 期　主编高国希、副主编熊庆年

2021 年第 1 期—2021 年第 6 期　主编高国希、副主编熊庆年、陆一

附录 2　教育部部长陈至立的祝辞

祝辞

欣闻《复旦教育论坛》创刊，谨以一老校友名义，表示衷心祝贺！

刚刚结束的党的十六大，提出了全面建设小康社会的宏伟目标，强调教育在现代化建设中具有先导性全局性作用，必须摆在优先发展的战略地位。高等教育要为全面建设小康社会提供强大的人才支持和智力贡献。我们要高举邓小平理论伟大旗帜，全面贯彻"三个代表"重要思想，紧紧围绕十六大提出的战略目标，坚持解放思想，实事求是，与时俱进，努力开创高等教育工作的新局面。

我国高等教育正面临着一个新的发展时机，在教育创新中出现的许多新情况、新问题，需要我们很好地学习、探索和研究，《复旦教育论坛》的创刊正是提供了这样一个阵地。希望《复旦教育论坛》坚持正确的政治方向，坚持"双百"方针，理论联系实

际,紧密结合高等教育改革和发展的实际,深入研究、探讨新情况、新问题,总结新经验,成为有特色、有影响的教育学术刊物,为新世纪我国高等教育事业的改革和发展作出独特的贡献。

陈至立

二〇〇二年十二月十二日

中华人民共和国教育部

祝　辞

欣闻《复旦教育论坛》创刊,谨以一老校友名义,表示衷心祝贺!

刚刚结束的党的十六大,提出了全面建设小康社会的宏伟目标,强调教育在现代化建设中具有先导性全局性作用,必须摆在优先发展的战略地位。高等教育要为全面建设小康社会提供强大的人才支持和智力贡献。我们要高举邓小平理论伟大旗帜,全面贯彻"三个代表"重要思想,紧紧围绕十六大提出的战略目标,坚持解放思想,实事求是,与时俱进,努力开创高等教育工作的新局面。

我国高等教育正面临着一个新的发展时机,在教育创新中出现的许多新情况、新问题,需要我们很好地学习、探索和研究,《复旦教育论坛》的创刊正是提供了这样一个阵地。希望《复旦教育论坛》坚持正确的政治方向,坚持"双百"方针,理论联系实际,紧密结合高等教育改革和发展的实际,深入研究、探讨新情况、新问题,总结新经验,成为有特色、有影响的教育学术刊物,为新世纪我国高等教育事业的改革和发展作出独特的贡献。

二〇〇二年十二月十二日

附录3 杨振宁先生题辞

THE CHINESE UNIVERSITY OF HONG KONG 香港中文大學

HONG KONG Tel.: (852) 2609-6146 Fax: (852) 2603-5616 Email: cnyang@cuhk.edu.hk

C. N. YANG

學無止境

楊振宁題

附录 4　李振道先生题辞

求学问　须学问

只学答　非学问

祝清华教育论坛创刊

李政道

二〇〇三年二月

附录5　新千年寄语

本刊编辑部①

逝者如川，岁月奔流，弹指之间，2000年已经来临。

回首百年，神州大地，风云变幻，教育历尽沧桑。废科举，兴学堂，蕴含着维新者的救国之梦。恃革命以开民智，兴教育以新国家，寄寓着资产阶级民主革命家们的共和理想。"用社会主义来发展教育"，表达了早期共产主义者的革命宏愿。历史的曲折使新中国的教育几经沉浮。应当庆幸的是，我们终于认识到，"国运兴衰，系于教育"；"振兴教育，人人有责"。

展望未来，玉宇寰球，氤氲激荡。社会变革日新月异，教育事业充满机遇与挑战。知识经济初露端倪，数字化地球的争夺骤起硝烟。社会发展必然地把教育从社会边缘推向了社会的中心。人们日益增长的教育需求，使教育的内涵从深度和广度上不断延伸。如果我们不能迅速克服前进中的障碍，我们将错失机遇。如果我们不能对付来自内部和外部的挑战，我们将遗恨千年。如果我们不能满足人民大众的需求，我们将无颜见江东父老。

面向历史新纪元，奋勇推进教育改革，我们责无旁贷，因为中国教育明天的希望，就在我们的肩上。面向历史新纪元，大力开展教育创新，我们义无反顾，因为中华民族的未来，系于教育的腾飞。面向历史新纪元，锐意构筑学习化中国，我们一往无

---

①　作者：熊庆年。文献来源：教育发展研究，2000(1)：1。

前,因为世界的美好,会因中华民族的崛起而绚丽多彩。"多少事,从来急;天地转,光阴迫;一万年太久,只争朝夕。"

我们的刊物,虽然是教育园地的一朵小花,但满园春色正是由于有一朵朵娇艳的小花而多姿多彩。我们期望,我们的刊物能成为教育改革者的思想阵地,让观念在这里碰撞,让真知在这里诞生。我们期望,我们的刊物能成为教育创新者的精神家园,让奇思在这里孵化,让妙想在这里升腾。我们期望,我们的刊物能成为教育实干家的展示舞台,让甘苦在这里品味,让智慧在这里提炼。这样,当跨入新世纪的时候,我们就可以自豪地说一声,我们不辱使命。

附录6　仰止前贤更思齐①

九月第一周,先后读到两位本行前辈的著作,令我仰慕有加,感慨万千。先是得到《潘懋元文集·卷九·潘懋元教育口述史》。八月份刚刚隆重庆祝了潘先生百年华诞,再读他的口述史,余味回甘,齿颊生香。以前只知道潘先生是我国高等教育学科的开创者,而对四十余年先生引领高等教育学科建设的整个过程并不十分清楚。而先生的口述史分明告诉我,中国高等教育研究学科就是在推进中国高等教育改革和发展中生长、成形、发展、壮大的。先生的学术足迹所映射的就是高等教育研究的发展史,口述史所勾勒的学术脉络就是高等教育学科的学术史。

---

① 作者:熊庆年。文献来源:高等理科教育,2020(5):1。

　　没两天，我又得到《杨德广八十自述自选》。潘懋元先生为此书作序，故知杨德广教授与潘先生有近四十年的交往。两位前辈同是改革开放以来推动高等教育学科建设的友伴。潘先生"对杨德广教授的钦敬，更多的是他思想开放，常以批判性思维在高等教育理论研究中提出创新见解""形势的发展证明他的超前认识与实践是正确的"。英雄相惜，由此可见。我为杨德广教授八十寿辰发了祝词："幸为同道"。这是发自内心的感恩。因为我们就是在前辈的导引下，才能走稳高等教育研究之路。

　　抚卷沉思，我们究竟应当从前辈承继哪些传统和精神呢？孔子云："士不可不弘毅，任重而道远。"愚以为，使命意识，担当意识，是两位前辈最宝贵的精神财富。不为地位，不为名利，眼睛不是只看到鼻子底下，所以他们能不息而致远。另一方面，两位前辈研究的强烈实践性，也是一代学人的典型特征。从他们的著作中，我们可以触摸到高等教育学科扎根中国大地的生命气息。

　　不久前，看到邬大光教授在微信朋友圈中发的"一天一话"："管教育、办教育、研究教育的人越来越'专业'，但离真正的教育似乎越来越远了。"我深有同感，给他点了一个赞。事实上，20 世纪八十年代到九十年代中期陆续加入高等教育研究的一批人，很多不是高等教育研究科班出身，用现在的眼光看也不那么专业和规范，但是他们往往有大学管理或育人的实践经历，对现实改革和发展中的问题非常敏感，抓得住真问题、大问题和重要问题，研究的成果与实际较契合，提出的政策建议、管理举措有用。如今，高等教育领域里的博士越来越多，研究成果越来越讲究学科规范、理论模型、研究方法,学术越来越精致,但是不着天、不着地的东西也越来越多。这几年有的大学把教育学院或高等教育研究所砍了,这种短视我们当然切齿。然而,也不得不承认,有些方面,我们的研究确实离实际越来越远,离本然的目标越来越远,这给了短视者以口实。

前两天重读了伯顿·克拉克的《我的学术生涯》一文,其中有一段话值得玩味:“高等教育研究作为人类努力的一部分,在近些年已经变成了一个广阔的跨学科工作。与半个世纪前相比,高等教育研究变得广阔多了,无论是从世界各国各地区来看,还是从一个国家内部所研究的课题的范围来看都是如此。现在它是非常分散,不同的国家探究不同的问题。好的一面是,研究现在变得更加深刻;坏的一面是,研究迷失在无谓的琐碎之中。”

学习前辈,反思当下。我们得好好想想:如何避免“研究迷失在无谓的琐碎之中”? 如何回答好“大光之问”?

附录7　学术环境治理也需要“封山”“休渔”①

近一个多月来,各种学术会议令人目不暇接。秋天本来就是收获的季节,加上因为疫情造成的空间封禁,人们已经憋了大半年,交流的热望在这一时段集中喷发出来。

在教育研究界,热议的话题之一,就是如何落实中共中央、

----

① 作者:熊庆年。文献来源:高等理科教育,2020(6):1。

国务院印发的《深化新时代教育评价改革总体方案》。依愚之见，高等教育中的评价乱象，从根本上说是一个学术生态环境问题，治理乱象不能治标不治本。极度功利和短期效益的追求、恶性的竞争、学术不端之风蔓延等等乱象的发生，一个主要的原因，就是权力的任性和膨胀，不尊重学术发展的规律。所以，深化教育评价改革得治本，治本之策在约束权力。

　　学术发展的规律是什么？愚见以为至少应有几点：第一，让学术工作者有尊严地生活，使他们能够遵从探索知识、追求真理的初心。第二，学术工作者能够无羁绊地自由探索，形成良性互动、共生相协的学术共同体。第三，尊重学术的独创，保护知识产权。第四，尊重学科范式的多样性，实行多元评价。第五，知识论的高等教育和政治论的高等教育形成平衡。按学术发展规律办事，才会有良好的学术发展生态。

　　自然生态修复，最直接的办法就是，封山育林，休渔养鱼。学术生态的修复，是不是也可以仿效？防止过度追求产出，过度追逐短期的效益，关键还在资源配置的方式。有的大学校长就对笔者提到，现在越来越多地被各种专项、各种计划所控制，办学自主权看起来好像是下放了不少，但是控制在用另外一种方式加强。学术生态修复，能不能从减少各种专项、计划、评奖、评估开始？

　　任正非最近访问北京大学时说，大学是创新最好的平台，要对学问宽容，要做看似没有意义的研究。要让青年学者们敢于向上捅破天，走到国际最前沿，努力向下扎到根，使基础教育和基础研究成为创新的原动力。访问复旦大学的时候说，很高兴在复旦看到愿坐冷板凳的人。他是给我们提了个醒,管理应当让老师们能够愿意坐冷板凳,使青年学者能够捅破天、扎下根。最近,据说任正非又提到,大学不要管卡脖子技术,要捅破天。要解决未来 30 年的需要,要着眼未来二三十年国家与产业发展的需要。想必他的意思就是,希望大学着眼长远。这需要良好的学术生态作保障,而学术评价是学术生态中的关键影响因子。

习近平总书记说,"绿水青山就是金山银山"。笔者以为,这句话对学术环境治理也是具有指导意义的。转变学术评价的观念和实践,才会有学术的"绿水青山",就会带来知识生产的"金山银山"。

附录 8　敢向浪里启风帆①

在我的书桌上放着两本书,一本是《学术之道:北京大学教育学科 40 年》,一本是《博学笃行,立己达人:华中科技大学教育科学研究院 40 年》。它们是我分别向北京大学教育学院院长阎凤桥教授和华中科技大学教育科学研究院院长陈廷柱教授要来的。前些日子,看到他们在微信朋友圈中晒系列纪念文章,就冒昧地建议汇集出版。孰料他们早有筹划并出书,于是乎就有索书之请。

两本文集放在案头,工作间隙换换脑筋,随手翻翻。尽管大多数文章在朋友圈已经读过,但是重读依旧甘之如饴。打动我

---

① 作者:熊庆年。文献来源:高等理科教育,2021(1):1。

的不只是两个学院 40 年波澜起伏的发展历程,也不只是师生情谊相笃的动人故事,更是同仁们上下求索的学术韧性和科学精神。我其实是把它们当做中国高等教育研究的学术史来读的。透过文集记述的人和事,仿佛回到一个个历史现场,触摸到高等教育研究发展的脉动。

"却顾所来径,苍苍横翠微。"40 多年来,中国高等教育研究由荒茅之丘变成葱郁之峦。毋庸置疑,北大、华科是其中两座引人注目的高峰。尽管它们发展各有轩轾,但是有一点是相同的,即从高等教育的改革和发展中去捕捉学术的战略靶点,从自家现实环境展开的可能中去激活组织。北大对教育经济与政策重大命题的把握、对学术范式形成的考量,华科对大学文化素质教育的推动、对院校研究的开辟,等等,都是可圈可点的标志性事件。它们为高等教育研究获得学术认可,成为合法性存在,做出了重要的贡献。这些理应成为我们的共同文化财富。

40 年纪念活动十分有价值。对走过的路看得越明白,对未来方向的把握就会越准确。20 世纪 80 年代初,全国高校差不多先后都成立了高等教育研究机构,如果都好好回顾总结、反思一下,对高等教育研究的健康发展来说是一种推力。我国高等教育学的开创人潘懋元先生就为我们作了很好的榜样。他在临近百岁时就反思,说忽视了大学的教学研究,令人肃然起敬。最近听他的高足说到,教育也是其他人文社会科学研究的对象,那些学科对高等教育的研究,其专业性往往是我们所不能及的,而真正属于高等教育学自家的、其他学科无法替代的就是教学论、课程论研究,可是我们过去恰恰忽视了它。我也认为,教学和课程是高等教育学本体论的研究,是高等教育学真正的合法性所在,值得今后高度重视。与其花大量精力去思辨高等教育究竟是学科还是领域、高等教育学学科如何构建,乃至讨论高等教育学要不要升格为一级学科,还不如踏踏实实地去把最本分的田耕好。

2021年来了,百年未有之大变局给高等教育发展带来新挑战、新机遇,对高等教育研究提出了新要求。"前瞻叠嶂千重阻,却带惊湍万里流。"让我们不畏惊涛骇浪,扯起风帆,去打造中国高等教育研究的升级版。

图书在版编目（CIP）数据

坛前缀语:《复旦教育论坛》卷首语:2003.1—2020.1/熊庆年
著.—上海:上海三联书店,2022.3
ISBN 978-7-5426-7688-7

Ⅰ.①坛…　Ⅱ.①熊…　Ⅲ.①高等教育－文集
Ⅳ.①G64-53

中国版本图书馆 CIP 数据核字(2022)第 037981 号

坛前缀语——《复旦教育论坛》卷首语(2003.1—2020.1)

著　　者／熊庆年

责任编辑／杜　鹃
装帧设计／一本好书
监　　制／姚　军
责任校对／王凌霄

出版发行／上海三联书店
　　　　　(200030)中国上海市漕溪北路 331 号 A 座 6 楼
邮　　箱／sdxsanlian@sina.com
邮购电话／021-22895540
印　　刷／上海惠敦印务科技有限公司

版　　次／2022 年 3 月第 1 版
印　　次／2022 年 3 月第 1 次印刷
开　　本／890 mm×1240 mm　1/32
字　　数／200 千字
印　　张／10.625
书　　号／ISBN 978-7-5426-7688-7/G·1632
定　　价／68.00 元

敬启读者,如发现本书有印装质量问题,请与印刷厂联系 021-63779028